Geiger Carl Ignaz

Friedrich II. als Schrifsteller im Elisium

Geiger Carl Ignaz

Friedrich II. als Schrifsteller im Elisium

ISBN/EAN: 9783337373122

Printed in Europe, USA, Canada, Australia, Japan

Cover: Foto ©Thomas Meinert / pixelio.de

More available books at **www.hansebooks.com**

Friderich II.

als Schriftsteller

im

Elisium.

Ein drammatisches Gemälde.

Constantinopel. 1789.

Vorrede.

Ich muß meine Leser erinnern, daß sie
nicht etwa glauben, die Schrift hier sei
bloß poetische Fiktion: nein, sie ist Wahr=
heit. — Ihr lacht — Hm! als wenn
Ihr nicht alle Tage weit unglaubhafter
Zeug für baare Warheit nähmet. Wahr=
heit, sag ich nochmal, ist es. Zum Be=
weise will ich Euch erzählen, wies damit
gieng.

Die

Vorrede.

Die nasenweisen Modephilosophen, die Herrchens da von der neu geformten teologischen Bank, die durchaus keine übernatürlichen Dinge glauben wollen, mögen sichs zum belehrenden Beispiel dienen lassen, und meine Freunde die ehrwürdigen Herrn Verfasser der **Kritik** über gewiße **Kritiker, Rezensenten und Broschürenschreiber,** in **Augsburg** mögen daraus kühn einen Beweis mehr gegen den modernen Unglauben und gegen Friderichs Werke in ihren tiefgelehrten Blättern aufstellen.

Um meine Leser zu der Glaubwürdigkeit der Sache vorzubereiten: muß ich Ihnen — so ungerne ich auch von mir selber rede — in aller Demuth sagen, daß ich in meinen tiefen Meditationen, in meinen frommen Geistesversammlungen, die ich öfters anzustellen pflege, manchmal eine Vision

fion und Inspiration vom Himmel gewür=
digt werde.

Als ich nun das gottlose Buch, Fri=
derichs hinterlaffene Werke, gelesen hatte;
und mich so nach meiner Art, in tiefen
Betrachtungen darüber verlor und in from=
men Meditationen verfank, über die Ver=
derbtheit der Menschen, über die Gottlo=
sigkeit und den Irrglauben der Kezer, über
die Zukunft u. d. : sieh! da ward mein Geist
auf einmal in Elisium entrükt.

„Elisium! Wie? was? Fiktionen aus
„den alten heidnischen Götterlehren wollte
„uns der Verfasser für himmlische Visio=
„nen aufbürden.“

St! meine Herrn Spötter! heidnische
Fiktion, oder kristliche: genug, der Him=
mel wollte sich derselben bedienen, um mich

sehen

sehen zu laſſen, was ich ſah; vielleicht, weil
meine Seele, die nebſt der Gnade des
Glaubens und der Frömmigkeit eine Mi=
ſchung vom Poetiſchen erhalten hatte, hie=
zu am Empfänglichſten war; vielleicht,
weil er wußte, daß es der verderbten Welt
beſſer gefallen und alſo nüzlicher ſein könn=
te wenn meine Viſion in dieſer Einklei=
dung erſchiene; villeicht — — kurz; ich
ſah und hörte leibhaftig, was ich Euch er=
zähle; und kaum hatt' ich alles geſehen
und gehört: ſo erſcholl eine Stimme, die
mich beim Namen nannte; „Gehe hin,
ſagte die Stimme, und verkünde der Welt,
was Du geſehen und gehört haſt.“ Und
ich kam wieder zu mir ſelber, und ſah
noch einen Reſt von Schatten, der durch
mein Gukfenſterlein naus huſchte.

Nun war ich in Verlegenheit, wie ich
es der Welt verkünden ſollte: denn ich hat=
te,

te, außer einem Gebetbüchlein und verſchie-
denen geiſtlichen Liedern, mein Schriftſtel-
lertalent noch gar nie verſucht; dabey habe ich das unglüklichſte Gedächtniß von der
Welt. Aber ſieh! als ich anfieng zu ſchrei-
ben: da war mirs, als ob einer mir die
Worte ins Gehöre flüſterte, und ich ſah
hier wieder deutlich, daß es höhere Inſpi-
ration ſein müſſe, und ich geb's zum Heil
und Frommen aller Kriſtenkinder unſerer
verderbten Zeiten, an das Licht — und
waſche meine Hände mit den Worten des
Erasmus.

„Non ego, ſed Democritus dixit.“ *)

Der Verfaſſer.

* 4   Per-

---

*) Zu teutſch: Der Leſer erinnere ſich, daß
nicht der Autor, ſondern eine Maria Thereſia, ein Pabſt, ein Großinquiſitor ꝛc. ſpricht.

Personen.

Friderich. II.

Voltaire.

Epikur.

Maria Theresia.

K. Franz.

Karl III. von Spanien.

Pabst Clemens XIII.

Der Großinquisitor.

Virgil. Homer. Anacreon. Horaz.

Demosthenes. Cicero. Lessing.

Minos. Radamantus. Aeakus, (Höllenr.)

Ein bedekter finsterer Gang im Elisium.

Friderich II. Voltaire.

Volt. Ich gestehe Sire! Die Lobsprüche, die Sie mir in Ihren Werken *) beilegen, haben mir Schamröthe abgedrungen — ich fühle. —

Frid. Sie haben, dünkt mich, von der Suffisance verloren, lieber Voltaire! die Sie in unsrer Oberwelt hatten. Ist es nicht so?

Volt.

---

*) Werke Fridrichs II. Augsburg 1789. sechster Band Seit. 153. Vorerinnerung zur Henria-de des Herrn v. Voltaire, und Briefwechsel

A   des

Volt. Ich muß es bekennen, Sire! Wozu würde es auch nüzen, wenn ich hier noch jene großen Prätensionen der Oberwelt machen wollte, als nur desto lächerlicher zu werden? Wie? wenn ich z. B. — der in seinen Werken allenthalben die Sterblichkeit der Seele lehrte, und Strafe und Beloh-nung nach dem Tode lächerlich machte, — wenn ich nun hier — wo der Augenschein meine Grundsätze zu Schanden macht — hier auf die Ehre eines großen, gründlichen Philosophen *), wie Sie mich in Ihren Werken nannten, Ansprüche machen wollte? Wie? wenn ich hier unter den Dichtern des Alterthums, als ein großer Dichter figuri-ren wollte — hier, wo kein menschliches An-sehen, keine Gunst der Könige, keine mäch-tige Verbindung, kein äußerer Prunk, dem Manne einigen Wehrt giebt — wo der Geist von allem trügerischen Pompe enthüllt ist?

Frid.

---

des Königs mit Volt. 9. und 10. B: — Ver-steht sich, daß der König und Volt. franzö-sisch sprachen; das wir aber um unsrer teut-schen Leser willen hier übersetzen.

*) S. daselbst, Seit. 157.

Frid. Ich erstaune über Ihre Bescheidenheit. So hört' ich Sie nie.

Volt. Im Vertrauen Sire! ich hatte nie geglaubt, daß mein Geist hier so wunzig neben jenen der Alten da stehn sollte — aber — was hilft hier alles Großthun? Sie werdens, wenn Sie noch länger hier sind, selber sehen — die Kerls haben so was teuflisch Riesenmäßiges, das wir uns beede nie haben träumen lassen. Und seitdem Ihre Werke, Sire! hier bekannt sind, worinn Sie mich über die Alten zu erheben *) die Gnade hatten, bin ich hier vollends gar der Gegenstand des Spottes geworden.

Frid. Wie? meine Werke wären also hier schon bekannt?

Volt. Ja: der verstorbene König von Spanien hat sie herunter gebracht: und sie verursachen nicht geringe Gährung in der Unterwelt.

Frid. Gährung? Wie so? was sagt man davon? Sprechen Sie ohne Zurükhaltung?

A 2   Volt.

---

*) Sechst. Th. Seit. 160.

Volt. Gelehrte, Staatsmänner und Theologen sind dagegen aufgebracht; unter den Ersten besonders die Teutschen. Sie spotten darüber, daß Sie, Sire! von der Litteratur einer Nation zu schreiben sich anmaßten, derer Sprache Sie gar nicht einmal kannten; und noch weit bitterer spotten sie über Ihre Vorliebe für unsre Nation, und über den Vorzug, den Sie ihr vor allen Andern, so gar vor den Römern und Griechen geben. Viele wollen daraus so gar zweideutige Begriffe von Friderichs Geiste herfolgern; und man ist daher begierig, Sie kennen zu lernen. —

Frid. Was vor ein dünner Schatten kömmt dort auf uns zu?

Volt. Es ist Epikur.

Epikur kömmt.

Der König umarmet ihn. Mein Freund! mein Lehrer *)! den ich schon lange verehre, ohne ihn zu kennen, wie freu ich mich, Sie hier zu finden?

Epik.

---

*) So nennt ihn der König im 6. Th. 259. S.

Epikur. Wer bist Du?

Volt. Es ist der große Friderich von Preußen, von dem ich Dir schon öfter sagte.

Epik. etwas verlegen. Sey mir willkomm, Friderich in unsern Gefilden. Zwar unsre Zusammkunft — ist ein stillschweigender Vorwurf gegen meine Lehre: — aber Du weist — Du kennst. —

Frid. Ich verstehe Dich, und ich war nie damit zufriedner, daß Deine Meinung Irrtum ist, als in diesen Augenbliken. Ist sie aber gleich nicht die richtigste, so ist sie doch die weiseste: weil sie zum Genuße des Lebens führt, den unsre finstre Pedanten uns versperren wollen. Aber nichts mehr von all dem. Wie viel Vorwürfe hätte jeder von uns dem Andern über so manche Dinge zu machen, die unser verklärter Geist izt anders sieht? — Ihr seid beede bekannt in diesen Gefilden. Ich bitte Euch, daß Ihr mir die intressantesten Bekanntschaften machen wollet.

Epik. Dazu beut sich eben heute die beste Gelegenheit an; es ist der Tag, an dem sich

wöchent-

wöchentlich ein Gelehrtenklubb versammelt. Ich werde Dich da einführen.

Frid. Du wirst mich Dir verbinden!

Volt. Verzeihen Sie, Sire! ich bin für diesen Abend bey der Gräfin dü Barry versagt. á revoir!

Sie gehen auf verschiedenen Seiten ab.

Eine andere Partie des Gartens.

Kaiser Franz, Maria Theresia, Karl III. von Spanien, der Großinquisitor, Pabst Clemens XIII.

Karl III. Da mir Eure Heiligkeit Erlaubniß geben haben, libros hæreticos zu lesen: so las ich das gegenwärtige Werk Friderichs II. durch; und wenn Sie mich und die Gesellschaft ab Onere Conscientiæ dispensiren wollten: so will ich einige Stellen daraus vorlesen, um uns in dem heiligen Abscheu gegen so einen Ketzer und seine höllischen Irrlehren zu bestätigen.

Clemens XIII. Ich dispensire hiermit.

Karl.

Karl. Nun hören Sie, wie ein christlicher König, Religion, Frömmigkeit, und Alles, was das Heiligste im Staate ist, in öffentlichen Schriften, verächtlich, und lächerlich zu machen strebte.

Liest:

> *) „Ist eines Fürsten Einbildungskraft vom himlischen Jerusalem entzükt: so verachtet er „den Koth der Erde; die Besorgung der Regierungsgeschäfte „hält er vor verlorne Augenblike; Grundsätze der Staatskunst „behandelt er als Gewissensfälle; „die Vorschriften des Evangeliums sind sein Kriegsreglement, „und die Kabalen der Geistlichen

Großinquisitor. Der Vermessene!

Karl. III.

> „haben Einfluß auf die Berathschlagungen des Staates. Seit „dem frommen Aeneas, seit den „Kreuzzügen des heil. Ludwigs

A 4

> „finden

„finden wir kein Beispiel von an-
„dächtigen Helden in der Ge-
„schichte. "

Alle geben Zeichen des Entsetzens.

Mar. Th. Das hieße so viel: man könne
nicht ein guter Regent und zugleich ein guter Christ seyn.

Großing. Richtig! mit andern Worten:
ein Staatsmann müsse die Pflichten des Christen nicht achten! wie gottlos!

Pabst. Hæresis damnata!

Mar. Th. Wir drey königl. Häupter, die
wir hier stehen, haben durch unser Beispiel
das Gegenteil dieses Sazes auf Erden satt-
sam bewiesen.

Karl III. Sogar die Vorsehung läugnet der Verwegene!   Liest:

*) „Das Leben der Menschen
„hängt nur an einem Haare.
„Der Gewinn und Verlust einer
„Schlacht wird durch eine Klei-
„nig-

*) 3. B. S. 303.

„nigkeit bestimmt. Unser Geschik
„ist eine nothwendige Folge der
„allgemeinen Verkettung von
„Mittelursachen, die bei der
„Menge von Ereignissen, welche
„sie veranlassen, nothwendig glük-
„liche sowohl, als unglükliche
„Ereignisse hervorbringen müssen.

Hier rühmt er gar die Männer, die die
Grundpfeiler der Religion untergraben hatten. Liest:

„Die berühmten Männer, Tho-
„mas, Voltaire, Hobbes, Col-
„lin, Shaftesbury, und Bo-
„lingbroke

Pabst. Sind alle erkommunizirt, mit der
Excomunicatione majori! Anatema sit!

Großinq. Auf den Scheiterhaufen mit
ihnen.

Karl fährt fort: „brachten der Religion
„tödtliche Wunden bei. Die
„Menschen fiengen an, zu unter-
„suchen, was sie bisher sinlos an-
„gebetet hatten.

Pabst

Pabſt. Schön! gut! hinc illæ Lacri-
mæ! beati ſimplices ſpiritu.

Großinq. Gelobt ſei die heil. Inquiſition! die den vermeſſenen Grüblern ihr Un-
terſuchen einzuſtellen weis!

Karl lieſt weiter: „Die Vernunft ſtürz-
„te den Aberglauben; man em-
„pfand Ekel über Dinge, die
„man geglaubt hatte, und Ab-
„ſcheu, an den gotteslåſteriſchen
„Begriffen, denen man angehan-
„gen hatte. Der Deismus, die-
„ſe ſimple Verehrung des höch-
„ſten Weſens gewann eine Men-
„ge Anhänger.

Der Papſt. Anatema illis!

Großinq. Das wird bey uns gottlob!
alles durch die heil. Inquiſition verhindert.

Karl III. Hören Sie, wie er nun gar
die Unſterblichkeit läugnet, und den Selbſt-
mord verteidigt!

Doch ich mag der Gottloſigkeiten nicht
mehrere leſen, ich ärgere mich zu ſehr] darüber. Dergleichen Stellen komen noch un-
zåh-

zählige vor. Ich will Ihnen nun aber auch solche zeigen, wo der Vermessene über geheiligte Personen herfällt. Er hat sogar Eure Heiligkeit auf die gottloseste Art gemishandelt; weil Sie dem österreichischen General Daun ein geweihtes Biret und einen Degen schikten, als dieser über ihn den Sieg erhielt. Mir schaudert über die gottlosen Ausdrüfe.

Pabst. Welches sind diese? Reden Sie frey!

Karl. Ich vermags nicht Eurer Heiligkeit zu sagen.

Pabst. Ich gebiete es Ihnen unter einer Sünde.

Karl. Wolan! hier sind die Stellen! zeigt darauf hin.

Pabst liest selber: „So lasterhaft auch „die Päbste waren, welche die „vorhergehenden Jahrhunderte „verabscheut hatten; so war doch „keiner, der das Laster in öffent- „lichen Schutz genomen hatte, als

Pabst

Pabſt lieſt wieder.

„Der tolle Prieſter dort, der —

— — — —

— — — — *)

Alle werden blaß vor Entſetzen.

Pabſt. Gottverlaſſner, nidriger Verleumder! mein fürchterlichſter Bannſtral treffe Dein verfluchtes Haupt mitten im Eliſium! Du biſt nicht wehrt in dieſen Gefilden zu wohnen. In den Tartarus mit Dir! Ich thue hiermit Druker und Verleger, und Alle, die's ohne Specialerlaubniß leſen, in den größern Kirchenbann.

Mar. Th. Wär ich noch auf Erden! ich ließe das Schandwerk öffentlich in Wien durch den Scharfrichter verbrennen.

Großinq. Und Druker und Verleger dazu!

Karl. Beinahe nicht beſſer verfährt der Tollkühne gegen Eure Majeſtäten; zu Franz nnd Thereſia.

Mar. Th.

---

*) 7. B. S. 188. Man hat dieſe pöbelhafte Stelle aus Schonung weg gelaſſen.

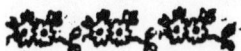

Mar. Th. Gegen uns? Nun laſſen Sie doch hören; wir können kein beſſeres Loos erwarten; als Gott und Religion erhielt.

Karl. Aber ich bitte um Vergebung, daß ich ſolche vermeſſene Unwahrheiten ausſprechen muß. Lieſt.

> „Trotz ſeiner innern verborgenen
> „Fehler und Schwächen, ſchim-
> „merte doch das öſtreichiſche
> „Reich noch 1740. in Europa
> „mit in der Reihe der erſten
> „Mächte; man bedachte ſeine
> „Hilfsquellen, und daß ein gu-
> „ter Kopf alles verändern könte,
> „ unterdeſſen galt ſein Stolz für
> „Kraft, und ſein vergangener
> „Ruhm bedekte ſeine itzige De-
> „müthigung.

> „Die Miniſter auswärtiger Höfe be-
> „kamen vom k. k. Höfe Gehalte
> „und Titel, und unterwarfen ihre
> „Herren dem öſtreichiſchen Des-
> „potismus! *)

Th. macht Mine ſich zu entrüſten.

Karl.

*) I. P. S. 33.

Karl. Ich bitte, E. M. ruhig zu sein; sonst werd' ich nichts mehr zu lesen wagen — und es kömmt noch mehr.

Mar. Th. Fahren Sie fort.

Karl. Ich komme hart daran, noch mehr davon zu lesen: aber Sie befehlen es —

liest: *) „Der König hatte an der „Kaiserin eine ehrgeizige und „rachsüchtige Feindin; und zwar „eine um so gefährlichere, da sie „ein Frauenzimmer und eigensin„nig und unversöhnlich war.“

**) „Diese Fürstin zeigte wehrend „ihrem Aufenthalte in Frankfurth „zu viel Uebermuth; sie begegne„te den Fürsten als ihren Unter„thanen; ja gegen den Prinz Wil„helm von Hessen war sie mehr „als unhöflich. Seit Ferdinand „zwekten die Grundsätze des Hau„ses Oesterreich dahin ab, den „Despotismus in Teutschland „einzuführen.“

Mar. Th.

*) 3. B. 25. **) 2. B. S. 212.

Mar. Th. Niederträchtiger Verleumder!
Aber ich bitte fortzufahren, wenn noch was
über den Gegenstand vorkömmt; damit ich
die ganze Abscheulichkeit des Mannes sehe!

Karl liest: „Der Kaiser Franz, der sich
„nicht in Regierungsangelegenhei-
„ten mischen durfte, —

Kaiser Franz, der die meiste Zeit geschlummert
hatte, erwacht bei diesen Worten: —

„legte sich auf Handlungsgeschäf-
„te, und wucherte mit seinen aus
„Toskana ersparten Einkünften
„im Haven. Er errichtete Ma-
„nufakturen; er ließ auf Pfän-
„der! er übernahm die Lieferung
„der Waffen, der Pferde und
„Montirungen für die ganze kai-
„serliche Armee; er in Verbin-
„dung mit einem Grafen Bolza
„und einem Kaufmann Schimel-
„mann, hatte die sächsischen Zölle
„gepachtet; ja im Jahre 1756.
„lieferte er so gar das Mehl und
„die Fourage an die Armee des
„Königs, der mit der Kaiserin
seiner

„feiner Gemahlin im Kriege ſtand.
„Wehrend des Krieges ſchoß er
„ihr auf gute Sicherheit, be-
„trächtliche Kapitalien vor: mit
„einem Worte; er war der Hof-
„banquier."

Mar. Th. Der Undankbare! ſo gegen das
ehrwürdigſte Haus Teutſchlandes, eines der
Angeſehenſten in ganz Europa, in öffentlichen
Schriften auszufallen. Warum hab ich meinen Sohn Joſeph vermocht, mit ihm in der
bairiſchen Erbſtreitigkeit Friede zu machen?
Warum hab ich den Preußen nicht durch
öſterreichiſche Macht zermalmen laſſen?

K. Franz. Und ſich unter das Heer von
Schriftſtellern herunter zu erniedrigen, um
zu ſchimpfen! wie gemein! Trette einer auf,
der ſagen kann, daß ein Abkömmling aus un-
ſerm Hauſe, ſich je bis zu der Autorklaſſe
herabgewürdiget hätte!

Karl. III. Was iſt von einem Mann zu
erwarten, der ſich ſo weit vergieng, daß er
an

an verschiedenen Stellen selbst Gottes *) und
des heil. Geistes spottet.

Pabst. Er ist also nicht allein Gottesläugner — er ist auch Gotteslästerer und Lästerer der Menschen, Kalumniante, Pasquil-
lante, er gehört nicht ins Elisium — in
dem tiefsten Tartarus sollte er liegen!

Großinq. Schon ärgerlich genug, daß
wir hier unter Kezern und Heiden wandeln müssen! Muß auch Elisium noch der
Aufenthalt von Gottesläugnern und Gottes-
lästerern seyn? Bald möcht ich lieber im Tartarus unter Satanassen wohnen!

Mar. Th. Bewahre und behüte! Ich
kann von den Richtern der Unterwelt nicht
glauben, daß sie einem Schatten, wie Fri-
berich, hier einen Plaz gestatten würden:
wenn sie von allem gehörig unterrichtet wä-
rer. Daß es geschehe: liegt Ihnen ob, (zum
Pabst) heiliger Vater! und Ihnen, (zum
Groß-

---

*) 1. B. S. 31. 2. B. S. 9. Und der geweihte
Mann der Frömmling dort, der funfzigmale
wohl gezählt alljährlich seinen Gott verschlingt.“
7. B. S. 173.

Großinquisitor) Ehrwürdiger! Sie müssen Ihre Sache, die Sache Ihrer Religion hier vertretten — und ich jene des Staates, meines Hauses. Wir wollen den Lästerer vor Minos Gericht ziehen, und — (mit selbstgefälliger Zuversicht) — ich schmeichle mir, daß der Nahme Maria Theresia und das Ansehen unseres Hauses bey den Richtern Gewicht haben werde. Nicht wahr, mein Herr Gemahl?

K. Franz. Ich bin ganz der Meynung Eurer Liebden. Sie haben nach meinem Tode in Ungarn schon so sehr bewiesen, was Ihre Beredsamkeit und Ihr Ansehn vermag: daß ich Ihnen das Geschäft voll Zutrauens ganz alleine überlasse.

Pabst. Ich bin nicht weniger mit dem erlauchten Vorschlage Ihrer Majestät der Kaiserin verstanden. Und so wollen wir dann, mit göttlicher Hilfe, den Kezer, den Lästerer Gottes und des österreichischen Hauses, aus dem Elisium in den Tartarus seinen wohlverdienten Wohnort vertreiben.

Karl. Ich will Ihnen zu dem Ende mit Hilfe meines Großinquisitors die wichtigsten der gottlosen Stellen auszeichnen; denn

Sie

Sie haben nur erst die wenigsten, und nicht die schlimmsten gehört. — Ab.

Ein Gartensaal mit daranstossenden Kabinetten und Boskaschen.

Homer, Virgil, Anacreon, Demosthemes, Cicero, Lessing, Friderich II. Epikur und mehr andere.

Einige gehen Parweise auf und nieder; andere stehen Haufenweise beisammen; wieder andere sizen an Seitentischen, lesen, und schmauchen elisäischen Knaster.

Homer zu Frid. Du hast also meiner Illias die Ehre erzeigt sie zu lesen?

Frid. Ja ich las sie mit viel Vergnügen.

Homer. Ich habe gleichwohl große Ursache, zu glauben, daß viele von Euch meinen Grundtext misverstehen. Sag mir, ich bitte Dich, wie erklärt Ihr z. B. diese Stelle?

Er hält ihm das aufgeschlagene Buch vor, und zeigt auf eine Stelle darin mit dem Finger.

Frid. betroffen. Ich muß gestehen, ich bin der griechischen Sprache nicht mächtig —

ich las deine Werke nur in der französischen
Uebersetzung. *)

Hom. Wie? Du verstehst nicht grie-
chisch, und wagst es, den Geist, und die
Werke der Griechen so kühn und so entschei-
dend zu beurtheilen, und uns unter gerin-
gere Nationen herunter zusezen? Aus Deiner Dreistigkeit sollt' ich schliessen, daß Du
nicht einmal die Uebersezung gelesen hättest.

Horaz. Einer Eurer Gelehrten aus der
Oberwelt, Büsching **) hat Dir ohnlängst
öffentlich Schuld gegeben — und er bestät-
tigte es mit vielen drolligten Beyspielen, die
er erzählte, — daß Du nicht einmal latein
verstündest: und doch hast Du auch von uns
lateinischen Dichtern mit strenger Richtermi-
ne, geurtheilt: aber freylich — nimm mirs
nicht übel — auf eine eben so schiefe Art,
als von den Griechen ***). Gesteh Friderich!

---

*) S. Büschings Karakter Friederichs II. zw.
   Auflage, Carlsruhe. Seit. 54.

**) S. Büschings Karakter Friderichs II

***) Um zu beweisen; daß Homer und Horaz
   Recht hatten: darf man nur folgende Stellen

rich! daß du von Virgils Gedichten, die Du
so herunter setzest, höchstens nur das for-
mosum pastor Corydon ardebat Alexin
gelesen hast.

Friderich entrüstet sich.

A 3 Virgil.

———————————

len aus Friderichs Werken ausheben. Jeder
Litteraturkenner wird über die schiefe Beur-
teilung, und über die leidenschaftliche Schwä-
che Friderichs II. in Absicht auf die französische Nation erstaunen. „Durch Feinheit,
„Anmuth und Leichtigkeit — sagt er im 1.
„B. S. 80. — erreichten die Franzosen al-
„les, was die Zeit uns als das Kostbareste
„von den Schriften des Alterthums erhal-
„ten hat. Wer unparteyisch seyn will, wird
„die Henriade dem Gedichte Homers vorziehen,
„Boileau kann sich mit Juvenal und Horaz
„messen; Racine übertrift alle seine Neben-
„buhler in Alterthume. Chaulieu überwiegt
„den Anacreon: und wenn wir billig seyn
„wollen, müssen wir gestehen, daß in Absicht
„der Metode die Franzosen den Vorzug über
„die Griechen und Römer haben. Bossuets
„Beredsamkeit gleicht dem Demosthemus;
„Flechier kann für Frankreichs Cicero gelten.‟
Die andere Stellen führen hier Virgil und
Homer selber an.

Virgil. Verzeih, Friderich! wenn uns
Dein Tadel kränkt. Du siehst daraus wie
viel uns an Deinem Beyfalle gelegen ist.
Hättest Du wenigstens Deine Urtheile nicht
so ganz ohne Beleg hingeworfen: so würden
wir doch gesehen haben, daß Ueberzeu-
gung, Litteraturkenntniß, nicht bloß Vorliebe und Leidenschaft für Deine geliebte französische Nation zum Grunde liegen. Aber
was ist es anders, als lerer, unbescheinig-
ter Wortkram, wenn Du z. B. sagst:
„Wenn der französische Dichter (Voltäre in
seiner Henriade) den Homer und Virgil
nachahmt: so behält doch seine Nachahmung
allzeit was Originelles, und man sieht, daß
der französische Dichter dem Griechischen und
Lateinischen unendlich weit überlegen ist.“
Sag uns doch, wir bitten Dich, wenn Du
aus Gründen sprachst: worinn ist dann der
französische Voltäre dem griechischen Homer
und dem lateinischen Virgil so überlegen?
worinn übertrifft Racine seine Nebenbuhler
im Alterthume? warum überwiegt Chaulieu
den Anacreon? und welches ist die Metode,
worinn, nach Deinem Urtheile, die Franzosen

zosen den Vorzug über die Römer und Griechen haben?

Frid. verlegen. Du überraschest mich,
ich weis mich nicht gleich zu besinnen.

Virgil. Du siehst, was wir billig von einem Kenner erwartet hätten, der unser Ansehen wollte streitig machen. Wir sind in
dem gerechten Besize der Ehre und des Ruh-
mes auf der Oberwelt: und aus diesem Besize verdrängt man in der litterarischen Welt
nicht durch Machtsprüche, oder Gewalt;
wie in der politischen von den Mächtigen
der Erde geschehen mag.

Homer. Ihr thut Friderich'n Unrecht,
wenn ihr behauptet, daß er ganz ohne Beleg
geurtheilt habe. Stellt er nicht zum Beweise
von Voltärs Ueberlegenheit, eine seiner Er-
findungen neben der Meinigen auf? Den
Traum Heinrichs IV., neben Ulysses Fahrt
in die Unterwelt. „Der Einfall,“ heißt es
dort, „Heinrich IV. träumend sehen zu lassen, was er im Himmel, oder in der Hölle
sieht, ist einer ganzen Illiade wehrt.“

Es entsteht ein allgemeines Gelächter darüber.
Homer allein bleibt ernsthaft, und fährt fort.

Ohne

Ohne Deinem Voltäre im Geringsten den
Rang streitig zu machen; und ohne mich darüber einzulassen, daß der Gedanke von dem
Traume etwas sehr Triviales, so was aus
der Ammenstube hat: bitt ich Dich, sag mir
doch: gesezt, Du kämest izt nach der Oberwelt zurüke, und erzählest, was du wirklich in der Unterwelt gesehen hast — ein
Andrer bemerkte, daß man Dir sehr aufmerk-
sam zuhört; er mögte auch eben so gerne
gehört seyn, als Du — und fängt an zu erzählen, was ihm von der Unterwelt geträumt
hat. Welchen glaubst Du, würde man lieber hören, Dich, oder den Traumerzähler?

Frid. Ich glaube, mich; weil ich wirklich hier war. Aber Vergieb mir, das Un-
wahrscheinliche in der Erzählung Deines
Ulysses. — —

Homer. Ist nicht so unwahrscheinlich,
als Du meinst: wenn Du Dich in die da-
maligen Zeiten, in ihre Begriffe, ihren A-
berglauben, ihren Hang zum Wunderbaren
und Ebentheuerlichen zurüke fantasirst.

Frid. Ja, von der Seite hab ich die
Sache wirklich nicht betrachtet.

Homer.

Homer. Du haſt alſo geurtheilt, ohne mein Gedicht umfaſſet zu haben, und wahrſcheinlich nur nach Bruchſtüken, die Du aus Rezenſionen laſeſt — ohne Geſchicht = und Sprachkenntniſſe.

Leſſing. Laſſen Sie ſich das nicht verdrießen meine Herrn! Friderich hat längſt auch gegen teutſche Litteratur geſchrieben, und teutſche Schriftſteller verachtet, *) ohne einmal teutſch zu verſtehen. Man muß das

A 5

einem

---

*) Man höre hierüber ſeine eigenen Worte im 10. B. 159. Br.: „Ich disputire mit ihm, (dem Grafen M***) er will teutſch lernen; ich ſage ihm, das verlohne ſich nicht „der Mühe: weil wir keine guten Schriftſteller hätten.‟

In demſelben Briefe an Dalembert ſchreibt er über ſeine Abhandlung de la literature allemande. „Sie werden, ſagt er: über die „Mühe ſpotten, die ich mir gegeben habe „einer Nation, die bisher nichts verſtand, „als Eſſen, Trinken, der Liebe pflegen, und „ſich ſchlagen, einige Begriffe von Geſchmack und attiſchem Salze zu geben. — „u. ſ. w.‟ — Welche läppiſche Sprache voll

einem Könige nicht übel nehmen! der sich
mehr als andere vor erlaubt hält, und gewöhnt ist, daß man ihm auf sein Wort glaube.

Frib.

---

voll grober Ignoranz und Eigendünkel!
Sollte man daraus nicht billig schließen, daß
der Geist dieses Mannes seiner zweyten Kind-
heit schon nahe wahr? Auffalend ist die
Dreistigkeit, womit Friderich von der Litteratur aller Sprachen ins Gelag hinein
schwazte, ohne eine dieser Sprachen, oder
nur eine Andere als französisch zu verstehn;
und auch in dieser Sprache konnte er gar nicht
einmal ortographisch schreiben. Büsching ein
sehr glaubwürdiger Gewährsmann sagt in seiner obenangezogenen Karakteristik S. 52. u.
f. von ihm: „Der König schrieb auch die fran-
„zös. Sprache gar nicht ortographisch, daher
„alles, was von seiner Hand geschrieben ab-
„gedrukt werden sollte, vorher von einem
„richtig schreibenden Franzosen verbessert und
„abgeschrieben werden mußte. Um an einer
„kurzen Probe die französ. Schreibart des
„Königes zu zeigen; so erwähle ich dazu den ei-
„genhändigen Brief, den er in May 1779. zu
„Breslau an seinen geheimen Staats = und
„Kabinetsminister, den Grafen von Herzberg
„schrieb.“ — Hierauf folgt ein ganzer Brief
voll

Frib. Ich verbitte mir beißenden Spott, mein Herr Lessing! Ein König auf Erden hat mehr zu thun, als Gedichte zu lesen, oder Sprachen zu studieren.

Lessing.

---

voll grober Schreibschnitzer; am Ende dessel=ben heißt es:

„Je Vous demande pardon, que non Igno-
„rance a la hardiesse de citer du latin à
„votre sapiance, mais c’ est une presomp-
„tion que j’ espere vous pardonerai. “——

„Alle alte griechische und römische Schriftstel=
„ler — fährt B. fort: die er gelesen hatte, wa=
„ren ihm bloß aus franz. Uebersezungen be=
„kannt; von der italienischen Sprache wußte er
„etwas, das aber wenig ausmachte. Es war
„ihm selbst unangenehm, daß er von der la=
„teinischen Sprache gar zu wenig verstand. Er
„erzählte zuweilen, daß er in seiner ersten
„Jugend einen Lehrer gehabt, der ihn habe
„in der lateinischen Sprache unterrichten wol=
„len. Sein Herr Vater sei darauf zugekom=
„men, als derselbe ihn habe aus der golde=
„nen Bulle etwas übersezen lassen, und da
„er einige schlechte lateinische Ausdrüke ge=
„hört, so hab er zu dem Lehrer gesagt! Was
„mach?

Leſſing. Um Vergebung! aber eben darum ſollte ein König auch nicht über Litteratur urteilen wollen; und zufrieden, unum-
ſchränkter Beherrſcher ſeines Landes zu ſeyn,
ſollte

„machſt Du Schurke da mit meinem Sohne?
„— Ihro Maieſtät! ich explizire dem Prin-
„zen auream bullam. — Der König habe
„den Stock aufgehoben und geſagt: Ich will
„dich Schurke auream bullam! habe ihn weg-
„gejagt, und das Latein habe aufgehört. Un-
„terdeſſen wollte der König doch vor einen
„Kenner der lateiniſchen Sprache gehalten
„ſeyn, und gebrauchte alſo zuweilen lateini-
„ſche Ausdrücke, als: Stante pede morire;
„tot verbas, tot ſpondera; de guſtibus non
„eſt diſputandus; beati poſſidentes; beatus
„pauperes ſpiritus; compille intrare; den
„röm. Kaiſer nannte er Cabut orbem. Wenn
„er einen Brief zu verbrennen befahl, ge-
„ſchah es mit den Worten: in ignis inferna-
„lis conforabitur.

„Weil er nur, wenn es unumgänglich nö-
„thig war, teutſch ſprach; und wenig in teut-
„ſchen, ſonderheitlich guten Büchern geleſen
„hatte: ſo ſprach und ſchrieb er auch ſchlech-
„tes

ſollte er nicht auch Despote des Geſchma=
kes und der Wiſſenſchaften ſeyn woſen.
Ich kann eben darum auch den Satz nicht
wohl begreiffen, den Sie, Sire, im 6. B.
Ihrer

„tes Teutſch, und gebrauchte gemein=
„platte Ausdrücke.

„Er wagte es aber doch über teuſche Wör=
„ter zu urteilen. In einem gedrukten eigen=
„händigen Brief, den er an Grafen von
„Herzberg ſchrieb, war er mit dem Wort,
„Beyſpiel, unzufrieden, und behauptete, es
„müſſe Exempel heißen. — Man darf ſich
„nicht wundern, daß der König in teutſcher
„Sprache noch weniger ortographiſch geſchrie=
„ben hat, als in der franzöſ. denn er hat ſehr
„ wenige teutſche Bücher geleſen — —

„Von ſeinen litterariſchen Kenntniſſen theile
„ich folgende kleine Probe mit. An den Rand
„einer Vorſtellung, die ihm der Staatsmini=
„ſter, Freiherr von Fürſt zuſchickte, ſchrieb er:

„Sie (die Profeſſores) müſſen in der Me=
„dizin beſonders bey des Boerhaves Metode
„bleiben, in der Aſtronomie Neuton, in der
Me=

Ihrer Werke S. 167. aufstellen, „Unver-
„merkt wird liebenswürdige und sanfte Den-
„kungsart von den Verehreren der Künste
„und Wissenschaften auf das Ganze und den
„gemeinen Haufen verbreitet. Vom Hofe
„kömmt sie auf den Bürger der Hauptstadt;
„von da in die Provinzen.“ Ich glaube vielmehr, mit Ihrer Erlaubniß, wenn Künste
und Wissenschaften, Liebenswürdigkeit und
Sanftheit der Denkungsart erzeugen: so hat
diese ihren Ursprung am Hofe wahrhaftig
nicht:

„Metafisik Lok, in den historischen Kennt-
„schaften die Methode des Thomasius
„folgen.

„Man erkennt aus dieser ältern Randgloße
„ des Königs, was aus seiner spätern Schrift:
„de la Litterature allemande und seinem ge-
„drukten Briefe vom 13. Nov. 1780. an den
„Minister von Herzberg, bekannt ist, daß er
„den Christian Thomasius für einen Geschicht-
„schreiber gehalten hat. De la beaumelle
„schreibt in der hundert und eilften seiner pen-
„sées, daß der König — wenn er nur eine
„Privatperson gewesen wäre — mit seinen
„Fähigkeiten und seinen gelehrten Kenntnissen
„sich nicht hervor gethan hätte. “

ficht: denn wie die Künste und Wissenschaften von dem Bürger — worunter doch wohl auch der Gelehrte und Künstler gehört — nach Hofe kommen: so muß folglich auch der Einfluß, den sie auf unsere Denkart haben, vom bürgerlichen Stande entspringen, und sich von da in die obern und untern Menschenklassen verbreiten. Ich will für meine Meynung von den Höfen nicht anführen, was die Verfasser des System de la Nature und der prejugès von ihnen sagen, daß sie die Werkstätten der allgemeinen Koruption seyen. Doch Sie, Sire! sprachen auch hier wieder als König, der seine Gründe — in seine Armee zu setzen gewöhnt ist!

Frid. Und sie sprechen als ein Witzling, dem sein Scherz sehr übel läßt! —

Juvenal. zu Frid. Da Du selbst Dichter bist: dürfen wir uns nicht das Vergnügen ausbitten, eines Deiner Gedichte zu hören?

Frid. Ich habe wirklich keines bey mir, und weiß auch keines auswendig.

Lessing

Lessing. Ich kann mich, glaub ich, noch
auf eines oder zwey besinnen. Nachdenkend.
Ja!

Das Windspiel Diana
an die Prinzessin von Preußen.

Ein Hündchen stellt an diesem Tag
Ein großes Muster für sich auf.
Zwey kleine bracht ich an das Licht;
Ein jeder, der sie nur besieht,
Der findet sie so wohl gebaut;
So schön und allerliebst, als mich.
O! stünden Sie Gevatter wohl
Wenn man die lieben Kindchen tauft?*)
Damit mir nichts zu wünschen bleibt,
So machen Euer Hochheit bald,
Es eben so, wie ich anizt.

Das zweyte ist wieder
      An eine Hündin.
Und steht in seinen Werken unmittelbar nach
dem, an Freund Jordan: es lautet;

                           Wie

---

*) Welcher grobe, nonsensikale Spott!

Einige Auszüge
aus dem siebenten Band.

Friderich II. König von Preußen mag als Regent, als Kriegsheld, als Staatsmann noch so groß, er mag, wie man ihn nennt, der Einzige gewesen seyn, diese Titel streiten wir ihm gar nicht an. Aber für einen Sittenlehrer, für einen Religionslehrer, nein, bey Gott, für das erkennen wir ihn nicht; für das erkennet ihn der Protestant, der Reformirte eben so wenig, als der Katholik. Denn sollte Friderich das alles, was man in seinen Schriften findt, wirklich selbst

geschrie=

geschrieben haben (Tausende glauben es aus
den wichtigsten Gründen nicht) so wäre
wirklich alle Welt durch sein eignes Bekennt-
niß überzeuget, daß er nicht nur kein Christ,
sondern Naturalist, Materialist, ja wohl
gar ein Gottesläugner gewesen sey. Wir beweisen es.

Im siebenten Bande in der Epistel an
seine Schwester Amalia schreibt Friderich:
„du glaubst es nicht, daß Menschenelend des
„Gottes Blicke auf sich zieht, der uns das
„Leben giebt; und das mit Recht: denn
„nichts vermag die ew'ge Ruhe seines Glücks
„zu stören. Für unsre Wünsche taub, weiß
„diese Gottheit nichts von unsrer Bitt; sie
„strafet, und belohnt uns nicht, sie heftet
„keinen Blick auf uns, den niedern Staub.“
In eben diesem Briefe. „Es herrscht auf
„dieser mir verhaßten Welt, im Pallast, wie
„in Mars Gefilden das Ungefähr allein. —
„In Allem ist der Mensch beschränkt, und
„folgt des Schicksals Strom, der mit sich
„fort ihn reißt.“

In

In der Epistel an den Mylord Märe=
chal verräth der König die nämlichen Ge=
sinnungen. „Man lehret uns, schreibt er,
„der Gott des Himmels, den der Mensch
„verehrt, sey gütig, sey gerecht, sey gna=
„denvoll; — und dennoch leiden wir. Wie
„läßt mit seinem Vatermitleid sich der
„Mensch vereinen, auf den das Elend lastend
„drückt? — — Göttergleiche Tugend hat,
„so wie das Höllenlaster, in dieser Fluches=
„werthen Welt ein gleiches Loos. Nichts
„rühret diesen Gott, nicht Werth der Opfer,
„nicht des Weihrauchs Wohlgeruch; er ist
„dem Flehn der Menschen taub, die streng
„sein Urtheilsspruch zur Erde nieder tritt.“

Gottesverehrer! Christen! Bekenner
einer geoffenbarten Religion! Was haltet
ihr von diesen Zügen? Könnten sie ärger=
licher, könnten sie gottloser seyn? Einen
Gott bekennen, aber diesem Gott noch in
einem Athem die wesentlichsten, die noth=
wendigsten Vollkommenheiten, die Allwis=
senheit, Güte, Fürsicht, Gerechtigkeit ab=
sprechen, ihn taub nennen, der höchsten Tu=

gend

gend, und dem schwärzesten Höllenlaster
gleiches Loos bestimmen, einem blinden Ungefähr entgegen Alleinherrschaft einräumen,
die ganze Menschheit einem hinreissenden
Schicksal unterwerfen, heißt dieß nicht gerade so viel als Gottesläugner seyn? Sagen es sey ein Gott, aber dieser Gott habe die nothwendigsten Vollkommenheiten
nicht, sind das nicht auffallende Widersprüche? Sträubte sich nicht selbst alle gesunde
Vernunft dawider, wäre es nicht wider die
ganze Offenbarung, wäre es nur möglich,
daß wir einen Gott hätten, wie ihn Friderich schildert, was für elende Geschöpfe
wären wir! Wie gut ist es, daß wir keinen einzigen Grund, ja nicht einmal einen
Scheingrund haben, den Worten Friderichs
mehr, als dem Worte, der Offenbarung des
untrüglichen Gottes zu glauben.

Sehr lächerlich, sehr widersprechend ist
es, daß Friderich, dessen Gott taub ist, und
weder straft, weder belohnt, in der Epistel
an seine Schwester in Bayreuth auf einmal
Götter anruft, die den Bedrängten schützen,

voll

voll Mitleid alle Thränen der armen Erd:
bewohner sammle, daß er diese Götter an:
fleht, sie sollten ihm hold seyn, sie sollten
sein Klaggeschrey sein Flehen erhören, den
Weihrauch, die Thränen, die Seufzer an:
nehmen, die er ihnen opfert. Einmal ich
verstehe nicht, wie sich das zusammen reimt.
Scherz kann es nicht seyn; denn Scherz ist
die Stimme des heftigsten Leidens nicht, in
dem man den König sprechen läßt. Nennt
mans etwa Poesie? Aber welch ein jämmer:
licher Dichter, der wider alle Wahrschein:
lichkeit handelt, der sich selbst offenbar wider:
spricht, der Göttern Vollkommenheiten zu:
giebt, die er dem einzigen Gott abspricht!
Oder war Friderich etwa wirklich, zu was
er sich in seinem siebenten Bande in einer
Epistel an den Marquis d' Argens S. 188.
bekannte, da er schrieb: ,,Man sagt uns, und
,,wohl jeder glaubt es gern: die Rache gebe
,,Götterlust; und daß ich sie ganz schmecken
,,kann, bin ich ein Heid in diesem Augen:
,,blick." Ists möglich, daß dieß Worte ei:
nes sonst so weisen Königs sind? Und wä:

ren fie es würflich, wie tief hätte er sich
herabgeseßt!

Glaubenslehren von gleichem Schlage
giebts im nämlichen Bande noch mehr. Nur
ein Paar Beyspiele davon. In einer Epistel an d' Alembert, S. 124. nennt Friderich den Vertheidiger des Geheimnißes der
heiligsten Dreyfaltigkeit einen Schwachkopf
einen unverschämten Schwätzer; er sagt ihm
S. 125. „Behalt dein wundersam Myste-
„rium für dich. Weswegen breitest du es
„aus? Du bist ein bloßer Schwätzer, hast
„den Kopf mit Märchen angefüllt, die nie-
„mand glauben kann; und willst, daß je-
„der deine Fabeln nun für reine Wahrheit
„kauft?" — S. 126. „Itzt entwickeln sich
„der Geist, und die Vernunft; man glaubt
„nur das, was klar bewiesen ist, verwirft ein
„dunkles, aber heiliges Geschwätz."

So gewiß das Geheimniß der heiligsten
Dreyeinigkeit von Gott geoffenbaret, und
durch achtzehn Jahrhunderte von vielen
Millionen Menschen, auch von den Mäch-
tig-

tigſten, von den Weiſeſten, von den Ge-
lehrteſten ohne Anſtand geglaubt worden iſt:
eben ſo gewiß iſt es, daß jener ein Unchriſt
iſt, der es zu láugnen wagt. So gewiß es
iſt, daß uns der hóchſte Gott unbegreifliche,
allen Menſchenverſtand überſteigende Wahr-
heiten geoffenbaret, und zu glauben befoh-
len hat: eben ſo gewiß iſt es, daß jener ein
Ungláubiger iſt, der nichts glaubt, als was
klar bewieſen iſt; und in dieſem Stücke macht
ſelbſt die Königswürde keine Ausnahme. Könige ſind Gottes Offenbarungen Glauben
ſchuldig, wie der Mindeſte ihrer Unterthanen; und erfüllen ſie dieſe Pflicht nicht, ſo
werden ſie eben ſo, wie der Mindeſte ihrer
Unterthanen von Gott gerichtet, und geſtra-
fet werden. Nur glauben, was klar bewieſen iſt, heißt nicht mehr glauben, ſondern
eine Sache gánzlich einſehen, und durchdrin-
gen; es heißt dem hóchſten, weiſeſten, un-
trüglichſten Gott das Recht, oder die Mög-
lichkeit abſprechen, dem Menſchen eine Wahrheit offenbaren zu können, die er glauben
muß, wenn ſie gleich die Kráfte ſeines Ver-
ſtandes weit überſteigt. Und wár' es nicht

der

der vermessenste Stolz, wenn der kurzsich-
tige Mensch, sollte er auch zehnmal König
seyn, von dem höchsten Gott klare Beweise
seiner geoffenbarten Glaubensfäße fodern
wollte? Würde es der große Friderich ge-
duldet haben, wenn seine Unterthanen klare
Beweise, und Gründe von der Gerechtigkeit,
und Nußbarkeit seiner Gesetze, oder Kriege
gefodert, und ohne diese nicht gehorsamet
hätten?

Die abscheulichste Mißgeburt der zügel-
losesten Gottlosigkeit ist folgender Zug aus
der Epistel an d' Alembert S. 127, und
ewige Schande wär's für den großen Friderich, wenn er wirklich seiner Feder entflos-
sen wäre. „Glaubte man der heil'gen
„Schaar im Ueberschlag, im Chorrock, mit
„geschornem Kopf, so wäre Gott nicht wür-
„dig des Gebeths; sie machten ihn so boshaft
„ja, wie sie es selber sind; er wird durch sie
„der unerbittlichste Tyrann. Er läßt, um
„seine Wut zu sättigen, den Menschen straf-
„bar sein; nicht hier nur übt er seine Grau-
„samkeit an ihm, er straft ihn auch die E-
wig-

„wigkeit hindurch; wir wären, hätte Luzi-
„fer zum Herrn sich über uns gemacht, ge-
„wiß nicht schlimmer dran. "

  – Wenn man dem Kinde den wahren Namen geben will, so heißt es Gotteslästerung.
Der gerechteste Gott hat dem Lasterhaften
ewige Strafen bestimmt; das ist ewige
Wahrheit, die der freche Läugner, so gerne er möchte, nicht aufheben kann. Aber
hat uns der gütigste Gott nicht zugleich
die sichersten Mittel an die Hand gegeben,
der Hölle zu entgehen? Giebt er uns nicht
Gnade genug, diese Mittel zu brauchen?
Hat er uns nicht aus unermessener Liebe seinen eingebohrnen Sohn zum Erlöser geschi-
cket? Hat er uns durch diesen nicht den rich-
tigsten Weg gezeigt, der uns, wenn wir ihn
nur gehen wollen, unfehlbar zum Himmel
führet? Thut Luzifer dieß etwa auch?
Verdammet Gott jemand, der nicht selbst
aus vorsätzlicher Bosheit verdammet werden will? Verdienen es muthwillige, verwägene Feinde, Verächter, Spötter, und
Lästerer seines heiligen Glaubens, seiner

A 5

höch-

höchsten, unendlichen Majestät nicht, daß
er sie ewig verwirft? Verdient unendliche
Bosheit nicht unendliche Strafe? Hätte
Gott dem Laster nicht ewige Strafen gedrohet,
wie würde es in der Welt aussehen, da
selbst die geoffenbarte, die bestimmte Ewigkeit der Strafen so manche Frevler, und
Waghälse nicht schreckt?

Itzt nur noch ein Paar Sittenlehren
Friderichs. In der Epistel an den Mylord
Marechal S. 44. lobt er die Selbstmörder
Cato, Brutus, Curius, und Otto als große Männer. Auf der nächsten Seite em-
pfielt er den Selbstmord, man läßt ihn sagen: „Ist dieß entstellte Gut (das Leben)
„nicht länger, was es zwar, so gebts der
„Gottheit hin; dieß kann ein jeder Sterb-
„licher. Zerreißt den Faden eurer Unglücks-
„tage; den Götter gebt ihr dann das ganze
„Gut zurück, das ihre Hand euch zugetheilt.“

Vortrefflich! Der Höchste sagt: du sollst
nicht tödten! Und Friderich lehret: Tödte
dich, es macht dir Ehre!

Jn

In der Epistel an seinen Neffen läßt man den König schreiben: „Der Frömmlings-„schaar zum Hohn verschwendet seine Huld „der Himmel reich den Söhnen Epikurs; die „reinste Wollust gießt, so wie ein unermeß-„senes Meer, die Wogen über sie, und „tränket sie mit ihrer Fluth; so trinkt ihr „jungen Helden denn, trinkt diesen Zauber-trank! "

Wie evangelisch diese Sittenlehre ist! Was ist ein solcher Sittenlehrer? Natura-list, wie Epikur.

Auszüge

aus dem achten Bande.

Nichts von andern schmutzigen, schändli-chen, und ärgerlichen Scherzen zu melden, welche in diesem Bande nicht selten vor kommen, wie niederträchtig, wie spöt-tisch, wie unchristlich läßt S. 49. das kleine Gedicht, in dem das Windspiel Dia-ne die Prinzeßin von Preußen ersucht, sie möchte

möchte ihren lieben Kindchen, die sie eben ge=
worfen hat, Gevatter stehen, wenn man
sie tauft?? Wie kriechend, wie schimpflich,
wie beleidigend ist der Wunsch der Hündinn:
machen Euer Hoheit bald, es eben so, wie
ich. anjezt?? Und dieß soll der große Fri=
derich geschrieben haben?

Wie unchristlich läßt es für einen christ=
lichen König den großen, heiligen Johann
den Täufer als den jüdischen Zeloten, der
eng in der Wüste schlief, zu verachten, den
verrufenen Freygeist Marquis d' Argens
entgegen den großen Hans Baptist zu nen=
nen?

S. 247. nennt der König die Religion
das Idol der Nationen, und beklagt sich,
daß jemand, von dem man glaubt, er ha=
be keine Religion, allgemein verschrieen
werde, er möge auch übrigens der recht=
schaffenste Mann von der Welt seyn. So
hat dann der höchste Gott, da er sich wür=
digte dem Menschengeschlechte durch seinen
eingebohrnen Sohn die heiligste Religion zu
offen=

offenbaren, den Nationen ein Idol aufge=
stellet? So soll es dann möglich seyn, daß
jemand, der keine Religion hat, der Got=
tes Offenbarungen ungehorsam, und stolz
verwirft, der seinen Eigendünkel zur Richt=
schnur seines Lebens wählt, der rechtschaffen=
ste Mann sey? Ist dieß nicht ein eben so auf=
fallender Widerspruch, als wen ich einem un=
gehorsamen, widerspenstigen, und rebellischen
Bürger den Ehrenamen des rechtschaffensten
Unterthanes beylegen würde? Doch, wie
ist es möglich, nicht auf Widersprüche zu
verfallen, wenn man einmal die Wege der
Wahrheit verlassen hat.

, S. 131. läßt man den König ein vor=
treffliches Glaubensbekenntniß ablegen: Wir
Leute, heißt es, setzen in das Christenthum
nicht eben gar zu viel, und man glaubt
gewöhnlich, es sey beßer der Vater eines
Bonmot's, als ein Bruder in Jesu Christo
zu sein.

Noch schöner ist folgendes S. 177.
Ich für meinen Theil lebe nach Epikur's Ge=
setzen,

ſetzen , entziehe mich keiner Freude, bin
nicht eitel auf eine Weisheit die ich nicht ha=
be, und brüſte mich mit den Sottiſen, die
ich begehe. Was könnte niederträchtiger,
und entehrender ſeyn? Hätte Friderich wirk=
lich ſo etwas niedergeſchrieben, ſo wäre es
für den Herausgeber der hinterlaſſenen Wer=
ke gewiß Ehreliebe und Hochachtung für
ihren verſtorbenen König geweſen, wenn ſie
ſo ſchändliche Mackeln weggewiſchet hätten.

S. 235. ſchreibt Friderich von jemand,
deſſen Reiſe durch militairiſche Geſchäfte im=
mer verhindert ward: Er gleicht dem ver=
heiſſenen Meßias; ich rede immer von ihm,
und er kommt nie. Iſt bleß Chriſtenſpra=
che? Und ein Jude wird Friderich doch nicht
geweſen ſeyn?

S. 267. nennt Friderich die Prieſter
Leute, die zur Hälfte Betrüger, und zur
Hälfte abergläubiſch ſind. Wer ſollte es von
einem ſo weiſen König glauben, daß er ei=
ne ſo zahlreiche, und angeſehene Menſchen=
klaſſe, ohne allen Grund, ſo geradehin, ſo
abſcheu=

abſcheulich beſchimpfen, und mit einem nak-
ten Machtſpruche um ſich werfen wollte, den
er ewig nicht beweiſen könnte? Und geſetzt,
Friderich hätte von Prieſtern wirklich ſo ent-
ehrend geſchrieben, wären deßwegen die Prieſter, was er ſie ſchilt? Müßten ſie ſich unter ſeinem Ausſpruche kriechend beugen, und
ihrer Ehre, ihren guten Namen entſagen?

Sehr artig, zur Ehre des geſunden
Menſchenverſtandes, zur Ehre der ganzen
Menſchheit, und ihrer erhabnen Beſtimmung
iſt es, daß man einen ſo großen König. S.
277. zu einem erklärten und offenbaren Ma-
terialiſten macht, und ſo tief herabſetzt, als
man einen Menſchen herabſetzen kann. Die
Worte lauten ſo. Wir können nicht
einmal begreifen, woher zwey Steine, die
gegen einander geſchlagen werden, Funken
geben. Ein elender Philoſoph, der dieß
nicht begreifen, nicht erklären kann! Wie
wollen wir nun behaupten, Gott ſey nicht
im Stande, der Materie Denkkraft zu ertheilen? So viel iſt gewiß, daß ich
Materie bin, und doch denke.

Vor-

Vortrefflich! Also ein materialisches
Ding, das gerade so viel, als jetzt Friede=
richs modernder Körper ist, hat gefühlt, hat
gedacht, hat Briefe, Geschichten, Gedichte
geschrieben, hat Völkern Gesetze gegeben,
hat so große Plane entworfen, hat Kriege
geführt, bald Siege erfochten, bald Schlä=
ge bekommen, hat den Fürstenbund entwor=
fen, hat dem König dem Namen des Gro=
ßen, des Weisen, des Einzigen erwor=
ben. ꝛc? Die gesunde Vernunft zu unter=
drücken, den Menschen unter das Vieh her=
abzusetzen, die Unsterblichkeit der Seele zu
läugnen, will man Gott eine unmögliche
Allmacht einräumen, widersprechende Dinge
zu erschaffen, der Materie Denkkraft zu er=
theilen, die allen erkannten Eigenschaften der
den Körper so offenbar, als Finsterniß dem
Lichte, als Tod dem Leben widerspricht?
Und dieß wegen dem winzigen Ansehen eini=
ger tollen, dieses Namens unwürdigen Phi=
losophen, welche die ganze vernünftige Welt
schon lange als die unsinnigste Schwärmer
verabscheuet; Und Schriften, die so abent=
theurliche Sätze enthalten, mag man bey un=
serm

fern aufgeklärten Zeiten, auflegen, einpfeh-
len, beklatschen, bewundern? Und der große Friderich solls geschrieben haben?

In dem 17ten Briefe an Voltaire, den
schändlichen Patriarchen der heutigen Frey-
geister kommen die abgeschmackteſten Trug-
ſchlüße, die ärgerlichſten Züge wider die
Freyheit des Menschen zum Vorscheine. S.
285. heißt es: Um die Freyheit in ihren
letzten Verschanzungen anzugreifen, wie
kann ein Mensch sich zu einer Wahl, oder
einer Handlung entschließen, wenn die Umſtände ihm nicht Gelegenheit dazu geben?
Und wer regiert diese Umſtände? Das Ungefähr kann es nicht thun; denn mit dieſem Wort läßt sich gar kein Sinn verbinden. Folglich thut es nur Gott. ꝛc. Er-
laube man uns hier eine kleine Anmerkung.
Im siebenten Bande in der Epiſtel an seine
Schweſter Amalia schreibt Friderich: es
herrſcht auf dieser mir verhaſſten Welt das
Ungefähr allein; und in dieser Stelle des
achten Bandes läßt man den nämlichen König, den nämlichen Friderich schreiben: das
Ungefähr kann es nicht thun; denn mit die-

B   ſem

sem Wort läßt sich gar kein Sinn verbin=
den. Ihr Menschen alle, die ihr gesunden
Verstand besitzet, saget, ist dieß nicht der
auffallendeste Widerspruch? Ist es wahr=
scheinlich, daß der nämliche König diese
beyde Züge geschrieben hat? Und wenn ers
that, ist es nicht thöricht, wenn man einem
Manne glaubt, dessen Gesinnungen so wan=
delbar, so schwankend, sich selbst so wider=
sprechend sind?

Seite 287. fährt der König fort die
Freyheit zu bestreiten. Die Natur, heißt
es, bringt eigentlich Diebe, Neider, Betrü=
ger und Mörder hervor. Mit solchen Leu=
ten ist die ganze Erde angefüllt, und wenn
die Laster nicht von den Gesetzen in Schran=
ken gehalten würden, so überließe sich jedes
Individium dem Instinu der Natur, und
dächte nur an sich selbst. Wie tief hätte
Friderich durch diesen abscheulichen Zug die
ganze Menschheit herabgesetzet! — — doch
nur eine einzige Frage. Ist der Mensch,
dem Friderich alle Freyheit abspricht, in die
Nothwendigkeit versetzet, Laster zu begehen,
oder nicht? Ist er es, zu was nutzen die
Gese=

Gesetze? mit welchem Rechte können diese nothwendige Handlungen verbieten, mit welchem Rechte können sie nothwendige Laster bestrafen? Ist es aber in der Gewalt des Menschen, aus Furcht der gesetzmäßigen Strafen die Laster zu vermeiden, warum, mit welchem Grunde läugnet man die Freyheit? Wenn der König selbst keine Freyheit glaubte, wenn er alle menschliche Handlungen für nothwendig hielt, warum hat er selbst Gesetze gemacht, warum hat er Deserteurs, Diebe, Mörder ꝛc. mit dem Tode gestrafet? Ist es dann eine gar so reizende Sache, wenn man seinem eignen innersten Bewußtseyn, wenn man der gesunden Vernunft, wenn man der allgemeinen Meynung der Menschen, wenn man endlich der Offenbarung Gottes selbst widersprechen kann?

Der höchste, weiseste gerechteste Gott gab uns Gebothe; er besiehlt uns diese zu halten, er bestimmt uns ewigen Lohn, wenn wir sie halten, ewige Strafe, wenn wir sie übertretten. Und ein König von Preußen spricht wider Gott: Man behauptet ei-

nen

nen Widerſpruch, wenn man ſagt, Gott
könne dem Menſchen Freyheit ertheilen. S.
299. Es giebt eine unbedingte Nothwendigkeit, der Menſch muß ihr unterworfen ſeyn,
und kann alſo keine Freyheit haben. S. 303.
Weder das Syſtem vom freyen Willen,
noch das von der unbedingten Nothwendigkeit ſprechen die Gottheit von der Theil-
nahme an Laſtern frey; denn ob Gott uns
die Freyheit gegeben hat, etwas Böſes zu
thun, oder ob er uns unmittelbar zu Laſtern antreibt, das kömmt beynahe auf eines heraus S. 305. Abſcheuliche Gottesläs-
ſterung, die eben ſo viel als Gottesläugnung
heißt! Ohne noch mehrere eben ſo grelle, oder
noch grellere Züge aus den folgenden Bänden auszuheben, haben wir nun genug bewieſen, was wir verſprechen. Nun mag
das chriſtliche Publikum urtheilen, was oder
von dieſem Könige, wenn er dieß alles wirklich geſchrieben haben ſollte, oder von den
Herausgebern zu halten ſey, wenn ſie dieſen
großen Namen zur Verbreitung ſolcher
Ruchloſigkeiten misbrauchet hätten.

Gesinnungen

eines Rechtsgelehrten

über

Friderichs Werke.

Aus Friderichs des zweyten hinterlassenen Werken ergiebt sich ganz klar, daß die Absicht der falschen Aufklärer offenbahr dahin gerichtet seye, alle christliche Religion zu stürzen, und den Unglauben des Voltairs einzuführen.

Friderichs II. Königs in Preußen zu Kriegs = und Friedenszeiten sich erworbener Ruhm und große Thaten, ließen das ganze Publikum hoffen, daß seine so betitelte nachgelassene Werke so viele Bände als angekündet worden, mit solchen Staats = und Kriegs-Begebenheiten anfüllen würden, die kein anderer so genau und ächt schildern konnte, als ein Königlicher Schriftsteller, der auf dem

poli-

politischen Staats-Theater so große Rollen
mit gespihlt hat.

Man gestattete dahero an mehreren Or-
ten den Nachdruck um so unbedenklicher,
als man sich nicht vorstellen konnte, daß die
ersten Herausgeber dieser Werke, Voß und
Decker in Berlin ihren im politischen Fache
so großen König, so tief unter alle Religion
herunter zu setzen wagen würden.

Mit Erstaunen mußte aber daß getäusch-
te Publikum sehen, daß in den ersten Theilen ausser einigen Religion-spottenden und
gekrönte Häupter beleydigenden Annekdoten
nicht viel neuere Nachrichten von Staats und
Kriegs Begebenheiten enthalten waren, als
was man in vielen unparteyischen Schrift-
stellern schon gelesen hat, und mit dem 5ten
Band endigten sich diese Nachrichten.

Der 6te Theil ist fast durchaus mit so
faden nichts bedeutenden, und einschläferen-
den Briefen, die Friderich an einen gewißen
Jordan, der an sich selbst nichts anders als
ein Spaßmacher ware, (die man vor Zeiten
Hofnarren geheißen) geschrieben haben solle,
ange-

angefüllt, daß man weder Spaß noch Ernst
daraus zu machen weis, doch mußten sie da
seyn, den Plan auszuführen.

Hätte man die letzten Theile zuerst ge-
setzt, oder die ganze Sammlung in chronolo-
gischer Ordnung heraus gegeben, so wären
gleich in den ersten Bänden solche alle Religion und sogar die Menschheit entehrende
Stellen ans Licht gekommen, die kein christlicher Verleger und Drucker hätte über sich
nehmen, und keine christliche Obrigkeit das
Imprimatur hätte geben können.

Die Auflag eines aus 15 Bänden bestehen sollenden Werks, erfordert große Kosten, die größte Ausgaben fallen auf die Verleger bey dem Anfang des Drucks; man amu-
sierte also diese mit dem Anscheine eines großen Profits, und das Publikum subscribir-
te mit freudiger Hofnung auf ein aus der
Feder Friderichs des Einzigen herkommen-
sollendes Werke. Bevor der 7te Theil heraus kam, hatten die Verleger und Nachdru-
cker schon einige tausend Gulden Kosten auf-
gewandt, die Prænumeranten hatten schon

be-

bezahlt, und so konnten sie bey Erscheinung
des 7ten Bandes ohne theils ganz ruiniert,
oder doch sehr empfindlich beschädigt zu werden, nicht mehr zurücktretten, und zu Ent-
schädigung einiger Partikuleren würde das
Publikum, mit solch Gottlosen Religion,
und Staat, untergrabenden Sätzen über-
schwemt, als man noch keine weder gesehen,
noch gelesen hat.

Die auf Religion und gute Sitten schon
im siebenten Band enthaltene, und so von Band
zu Band, bis auf den zehnten anwachsende
Ausfälle, müssen alle Christen, seyen sie Katholisch, Protestantisch oder Reformierter
Religion überzeugen, daß dieses Werk der
Finsterniß ein aller höchst Kayserliches Privi-
legium Impressorium nie erhalten haben
würde, wenn es nicht schon vor Ausgab des
siebenten Theils erschlichen worden wäre.

Die noch rückständige Theile lassen uns
noch weit schändlicher und gefährlichere Dinge besorgen, wie aus dem mit den verwor-
fensten Freygeistern, besonders mit dem Ab-
gott, oder Abschaum aller Freydenker, und

Na-

Naturaliſten dem Voltaire und Alembert ge=
pflogen haben ſollenden Briefwechſel Fride=
richs nicht undeutlich voraus zu ſehen iſt.

Friderich ware mit Staats, Kriegs und
Kabinets = Geſchäfften zu überhäuft, als daß
man glauben kann, daß alles, was dieſe
Werke enthalten, aus ſeiner Feder gefloſſen;
vielmehr läßt ſich aus mehreren in den Brie=
fen des Königs an den Voltaire und Alem=
bert, erſichtlichen Widerſprüchen vermuthen,
daß dieſes eine von dem Freygeiſter und Illu=
minaten = Schwarm vorſezlich angelegte Mi=
ne iſt, die ſie unter dem im politiſchen Verſtand
ſo berühmten Namen Friderichs II. zum Um=
ſturz aller chriſtlichen Religionen ſpringen
ließen.

Und in der That, iſt das dadurch entſtande=
ne Aergernuß, um ſo größer, als dieſem in=
famen Werke, der Namen eines verſtorbe=
nen großen Königs Credit erworben, und
das darinn enthaltene Gift, unter dem Schutze
der Preß = Freyheit, ſich ungehindert in die
ganze Welt ausgebreitet hat.

Ich will von den epikuriſchen Gott,
Ewigkeit, ynd die Unſterblichkeit der Seele

laüg=

laúgnenden, hingegen aber Selbstmord,
Knabenschänderey, und viehische Wolluſt,
vertheidigenden Stellen keine Auszüge an=
führen, um chriſtliche Ohren nicht noch mehr
zu ärgern. Nur über den Plan wie der gottloſe
Unglauben mit Ausrottung aller chriſtlichen,
abſonderlich aber der chriſtkatholiſchen Religion
überall einzupflanzen ſeye, will ich dem Publico
zur Warnung etwas weniges vorlegen, woraus
abzunehmen ſeyn wird, wie weit es dieſe
Höllenbruth der Illuminierten Freygeiſter,
und falſchen Aufflärer, in Ausführung dieſer
ſchon vor mehreren Jahren gemachter Plane
gebracht hat, und wie nothwendig es iſt, ſol=
chen Religions und Staats gefährlichen Ab=
ſichten der Hölle ernſtlicher als bishero ent=
gegen zu arbeiten.

Aus=

Auszüge
mit
Anmerkungen,
aus dem 10ten Theil der hinterlassenen
Werken Friderichs II.

oder:

Aus denen von Friderich an den Voltaire ge=
schrieben worden seyn sollenden Briefen.

Seite 26.
Friderich an Voltaire.

Was für ein unglückliches Jahrhundert,
für den römischen Hof! in Pohlen greift man
ihn offenbahr an, aus Frankreich und Portugal
hat man seine Leibtrabanten verjagt, und in
Spanien wird es allem Anschein nach eben
so gehen; Philosophen untergraben am hel=
len Tag den Grund des apostolischen Throns;
man pfeift das Wunderbuch aus, besprizt
die Secte mit Koth und predigt Tolleranz.

Alles

Alles iſt verloren; es wäre ein Mirakel nöthig, um der Kirche wieder aufzuhelffen, ſie
hat einen ſchröcklichen Schlagfluß bekommen,
und ſie werden noch den Troſt haben ſie zu
begraben, und ihr ein Epitaphium zu machen,
wie ehemals der Sorbone. Der Engelländer Wollſton berechnet die Dauer des Aberglaubens auf 200. Jahr, aber er konnte das
nicht mit in Anſchlag bringen, was ſich ganz
neuerlich ereignet hat, alles komt auf die
Zerſtörung des Vorurtheils an, daß dieſem
Gebäude zur Grundlag dient, es verwittert
und fällt dadurch deſto eher zuſammen, Bay-
le fieng die Arbeit an; viele Engelländer folg-
ten ihm nach, und ihnen war es vorbehal-
das Werk zu vollenden.

Anmerkung.

Die Jeſuiten ſind nicht nur aus Frankreich, Spanien, und Portugal vertrieben,
ſondern der ganze Orden iſt auf gehoben,
und doch iſt Voltaire geſtorben, ohne ſein
Werk zu vollenden; indeſſen läßt ſich aus
dieſem Brief ſchlieſſen, was große Hofnung

die

die neue Philosophen Seckt, in Ausführung
ihres Plans, auf den Fall der Jesuiten gesezt habe.

Seite. 34.
Friederich an Voltaire.

Sehen sie, da hätten wir ja in Spanien einen Vortheil erhalten! noch mehr:
die Höfe Versailles, Wien und Madrit, haben den Papst gebetten, daß er eine beträcht-
liche Zahl von Klöstern aufheben soll: man
sagt, der heilige Vater werde wohl in dieses Verlangen willigen müssen, ob er gleich
rasend darüber ist. Welch ein Revolution,
was läßt sich nicht von dem folgenden Jahrhundert erwarten? Die Art ist dem Baum
an die Wurzel gelegt. Von der einen Seite erhebt sich die Stimme, der Philosophen
gegen die Ungereimtheiten eines verehrten
Aberglaubens; von der andern nöthigt über-
triebene Verschwendung die Fürsten, die
Güter der Clausner, dieser Anhänger und
Herolden des Fanatismus einzuziehen. Der
Grund des Gebäudes wird untergraben, es
wird zusammenstürzen, und die Nationen
wer-

werden in Ihren Annalen aufzeichnen: Voltaire ware die Triebfeder der Revolution, die während des 18ten Jahrhunderts im menschlichen Geiste vorgehet.

Anmerkung.

Im vorigen Brief hätte Voltaire den Plan vollenden, und der gestürzten Kirche, das Epitaphium machen sollen, itzt aber giebt man dem Fall der Kirche noch Lebensfrist, bis auf das nächste Jahrhundert.

Allein, auch dort wird es heißen, wie es von Anbeginn der christlichen Religion geheißen, und wie es bis zu Ende der Welt heißen wird: Die Porten der Hölle werden sie nicht überwältigen.

Man muß aber bey allem dem, die Hände nicht in Sack stecken, und nicht glauben daß diese göttliche Verheißung, nur auf unser teutsches Vaterland oder auf Europa gemeint sey.

Asien

Asien und Afrika waren ehemals der
Hauptsitz der Christkatholischen Relion, die
gröste und heiligsten Väter und Kirchenleh-
rer haben wir diesen Welttheilen zu verdan-
ken; ja Christus unser Glaubensstifter und
Gott-Mensch selbst, wählte sich Asien zu
seinem Aufenthalt, und dessen Stadthalter
der heilige Petrus hatte seinen ersten Sitz
zu Antiochia in Syrien, und itzt sind diese
zween große Welttheil der Tummelplatz aller
Abgötterey, der Aufenthalt der schändlich-
sten Seckten, und das Muster des grausam-
sten Despotismus und der Tyranney. Nur
so zu sagen im Verborgnen trift man daselbst
noch katholische Christen an. und was ist
wohl die Ursache hievon? Keine andere, als
die schwärmerische Secktierer, und illuminie-
te Philosophen selbiger Zeiten, die mit ihren gottlosen Lehren und Schriften, zuerst
dem Erzbischof und Patriarchen der Griechen, den Geist der unabhängigkeit von
Rom einflößten, und so die Trennung der
griechischen von der römischen Kirche bewirkten.
Diese Trennung verursachte zwischen den Pa-

C   tri-

triarchen und anderen Erz- und Bischöfen, viele Eyfersucht, und mancher Erz- und Bischof versuchte von dem Patriarchen der Griechen eben so unabhängig als dieser von Rom zu seyn. Auf dieses folgte auch zwischen den Patriarchen und orientalischen Kaisern, mittelst Ausstreuung des Saamens der Uneinigkeit, nichts als einerseits unter den Regenten Mistrauen, Verachtung, Feindschaft, wechselseitige Kränkungen und Schwächungen, des geistlichen und weltlichen Staats unter sich, andererseits aber unter dem Volk zigellose Uepigkeit, Ungehorsam, Schwelgerey, Verschwendung und Unglauben; welches endlich den traurigen Untergang des von dem gut katholischen großen Constantino aufgerichteten mächtigen orientalischen Kaiserthums, und aller in Asien und Afrika gewesenen so zahlreichen Erzbißthümer, Bißthümer und Klöster nach sich gezogen hat:

So, wie in Asien und Afrika, das christliche Glaubenslicht nach und nach erlöschen,

schen, so würde es in Europa, absonderlich im unsern teutschen Vaterland angezündet, und so, wie heut zu Tage durch die neue Philosophen Seckt, das wahre Glaubenslicht auch bey nns wieder verdunkelt, oder gar ausgelöscht werden will, eben so kann und wird es Gott wieder anderstwo auflebend machen.

Denn die Porten der Hölle wird die katholische Kirche nie ganz aus der Welt verbannen können, und sollte schon der Stuhl Petri auch von Rom aus Europa hinweg, in einen andern Welttheil übersezt werden müssen. Was in Asia und Afrika geschehen, daß kann auch über kurz oder lang, in Europa sich ereignen.

Die protestantisch und reformirte Kirche, haben sich hier wie dort die Griechische, von der Römischen getrennt; der Saamen des Zwitrachts zwischen dem geistlich und weltlichen Staat ist hier ausgestreut, wie ehemals

C 2   zwi-

zwischen den griechischen Patriarchen, und orientalischen Kaisern.

Die deutsche Erzbischöfe wollen dem Papste, als dem geistlichen Oberhaupte der ganzen katholischen Christenheit, wieder den mehr hundertjährigen Besitzstand, das Recht Nuntien, oder Gesandte in katholische Länder zu schicken, weigern; welches Recht man doch dem Kaiser, als weltlichen Oberhaupt, bey allen Reichskreisen gestattet. (*)

Ja

(*) Es ist wunderlich, daß man diesen unseligen Nuntiaturstreit, der doch einen pur geistlichen Gegenstand betrift, dem ganzen pur weltlichen aus katholisch = und nicht katholischen Stimmen bestehenden Reichsversammlung zur Entscheidung unterwerfen will, just als wenn man, ob der Kaiser als das weltliche höchste Oberhaupt an alle Reichs= Kraise Gesandte schicken könne, den Papst fragen, oder einen hierüber entstandenen Streit auf einer Kirchenversammlung entscheiden lassen wollte.

Es

Ja es scheint, sie wollen den Supremat,
den Sie dem Papst über sich streitig machen, über die Bischöfe ausüben, kurz! den
starken Pfeiler der katholischen Kirchenge-
walt, Centrum nempe unitatis über den
Haufen werfen, wie es die griechische Kirche gemacht.

Wechselseitiges Mistrauen, Verachtung, Uebervortheilung, ungerechte Anmaßun-
gen, zügellose Ueppigkeit, ärgerliche Schwel-
gereyen,

Es ist ja hier die Frage nicht, ob der Papst
als weltlicher souverainer Fürst des Kirchen-
Staates Gesandte an alle Höfe schicken kann,
sondern ob er als das geistliche Kirchenober-
haupt zu Ausübung der ihm theils ursprüng-
lich, theils durch mehr hundertjährigen Besitzstand zukommender Rechte, und zu Auf-
rechthaltung der christkatholischen Einigkeit
in der Lehre an die Erzbischöfe, und in alle
katholische Länder Nuntien, oder Gesandte
abzuordnen befugt sey.

C 3

geren, unmäſſige Verſchwendung, Liſt, Betrug, und Unglauben nehmen überall über
Hand. Treu und Glauben, in offentlichen
und Privathandlungen unter Großen und
Kleinen, Geiſtlich und Weltlichen, mit Ein-
heimiſch und Auswärtigen, war im Orient
vor dem Umſturz des ganzen Reichs ſo zer-
fallen, daß es zum Sprüchwort geworden:
Græca fides nulla fides.

Wie ſteht es aber heut zu Tage, in un-
ſerm occidentaliſchen Reiche, mit der alt
deuſchen Redlichkeit? Wie weit fehlt es
noch, daß man nicht eben ſo gut ſagen kann:
Germana fides, nulla fides.

Gott bewahre uns nur, daß dieſe gezo-
gene Paralell in Europa nicht ein gleiches
Ende nehme, wie in Aſia und Afrika.

Seite 40. und 41.

Friederich an Voltaire.

Waffen werden den Aberglauben (das iſt
die katholiſche Religion) nicht zerſtören, durch
den Arm der Wahrheit, und durch den Reiz
des Eigennuzes muß er ſterben. Soll ich
ihnen dieſe Ideen entwicklen? So hören ſie
was ich damit meyne.

Ich habe ſo wie andere bemerkt, daß
da, wo die meiſte Mönche ſind, das Volk
am blindeſten in Aberglauben dahin gegeben iſt.

Wenn man es ſo weit bringt, daß dieſe Aſſyle des Fanatiſmus vernichtet werden,
ſo wird das Volk ohne Zweifel in Kurzem
gleichgültig und laulicht in Anſehung der
Gegenſtände werden, die es itzt verehrt. Es
käme alſo darauf an, daß man die Klöſter
zerſtöhrte. Oder wenigſt nach und nach ihre Anzahl verminderte.

Die

Dieſer Augenblick iſt da! denn Frankreich und Oeſterreich ſind in Schulden, ſie
haben ſchon alle Hilfsquellen der Juduſtrie
erſchöpft, um heraus zu kommen, und es iſt
ihnen nicht gelungen, die Lockſpeiſe, welche
reiche Abteyen, und gut fundierte Klöſter
darbieten iſt verführeriſch. Wenn man ihnen über dieß vorſtellt, wie ſehr bey dem
Cœlibat, die Bevölkerung ihrer Staaten
leide, ferner den Misbrauch der großen
Menge von Cuculatis von denen ihre Provinzen wimmeln, und zugleich wie leicht ſie
ihre Schulden zum Theil bezahlen könnten,
wenn ſie die Schätze dieſer Communitae-
ten, die keine Erben haben dazu verwende-
ten, ſo wurden ſie ſich, glaub ich, leicht dahin bringen laßen dieſe Reform anzufangen;
und hätten ſie erſt die ſæculariſation einiger Pfründen genoſſen, ſo wurde ihre Hab-
ſucht wahrſcheinlich auch den Reſt nach und
nach verſchlingen.

Jede Regierung die ſich zu dieſer Ope-
ration entſchließt, wird die Philoſophen lieben,

ben und allen denen Büchern anhangen, die
den manichfachen Volkes Aberglauben, und
den falschen Religionseifer der Heuchler an-
greifen, die sich gerne gegen ihre Schritte
setzen möchten. Sehen sie da ein kleines
Projekt, daß ich der Prüfung des Patriarchen von Ferney unterwerfe. Er als der
Vater der Gläubigen muß es berichtigen
und ausführen.

Vielleicht fragt mich der Patriarch, was
man dann mit den Bischöfen anfangen solle?
dann antworte ich ihm: die anzurühren ist
noch nicht Zeit; man muß fürs erst die ver-
nichten, die das Herz des Volks mit Fanatismus entflammen, so bald das Volk erst
abgekühlt ist, werden die Bischöfe schon
Zahm werden, so daß die Monarchen in
der Folge, nach ihrem Belieben mit Ihnen
umspringen können. Die Macht der Geist-
lichkeit beruhet nur auf Meynungen, und
auf der Leichtglaubigkeit der Menschen, man
kläre diese auf, so hat die Bezauberung ein
Ende.

C 5   An=

Anmerkung.

Dieſer Brief iſt in den 70ger Jahren geſchrieben, und in den 80ger Jahren, nahm die Kloſteraufhebung ihren Anfang. Sehet den Propheten!

Seite 87.

Friederich an Voltaire.

Der Papſt und die Mönche werden ohne Zweyfel ein Ende nehmen, aber die Vernunft wird ihren Fall nicht bewirken. Vielmehr werden ſie, in dem Verhältniß zu Grunde gehen, wie die Finanzen der groſſen Fürſten in Unordnung kommen. In Frankreich wird man, wenn alle Mittel Geld zu bekommen erſchöpft ſind, genöthiget ſeyn, Abbteyen und Klöſter zu ſäculariſiren, dieß Beyſpiel wird Nachahmer finden, und die Menge von Cuculatis wird auf eine ſehr kleine Anzahl eingeſchränkt werden.

In

In Oesterreich wird man durch eben
dieß Geldbedürfniß, auf den Gedanken ge-
rathen, seine Zuflucht zu der leichten Ero-
berung der Staaten des heiligen Stuhls zu
nehmen, damit man die außerordentliche
Ausgaben bestreiten kann. Man wird dem
heiligen Vater eine große Pension aus setzen.

Aber wie wird es dann weiter gehen?
Frankreich, Spanien, Pohlen, mit einem
Wort alle katholische Mächte werden keinen
Stadthalter Jesu Christi anerkennen wollen, der unter dem Kaiserlichen Hause ste-
het, jede wird einen Patriarchen in ihren
eignen Landen ernennen. Man wird Na-
tional-Concilien zusammen berufen, nach
und nach wird sich jede von der einen Kirche
trennen, und am Ende wird jedes König-
reich seine eigne Religion haben, wie seine
eigene Sprach.

Da ich keinen Termin für die Erfüllung dieser Prophezeihung bestimme, so kann
mir Niemand Verweise darüber geben, in-
dessen ist es sehr wahrscheinlich, daß es mit
der Zeit so gehen wird, wie ich es schil-
dere.

Anmerkung.

Wenn es so fort geht, daß Papst,
Erz- und Bischöfe, selbst uneins sind, und
fort fahren, sich der von Gott eingesezten
Subordination unter Ihnen zu widersetzen,
und einer so viel Vorrecht als der andere
haben will, so dürfte diese Prophezeihung
eintreffen, ohne daß man den Papst auf eine Pension einschränke. Und da bekannt,
daß die Voltairische Grundsätze neben keiner
christlichen Religion bestehen können. So
ist der Schluß leicht zu machen, was auch
Protestanten und Reformierte Christen zu-
gewarten haben; denn da der Freygeist
in Rücksicht der katholischen Religion die
Maske so keck abnimmt, und die zum theil
schon

schon in Erfüllung gekommene Mittel sie zu stürzen frey entdeckt, so dürften alle christliche Religionen denken, Proximus ardet Ucalegon.

Es ist also höchste Zeit zum löschen, und dazu sind einzle Wasserträger wie ich und meines gleichen nicht hinlänglich.

Die ganze christliche Religion wird doch noch so viel werth seyn, daß man das ganze Reich um Hilf anruft, den Reichsfiskum wider alle Religions = Stürmer excitiert, und in allen Reichs = Kraisen hierüber gemeinsame Berathschlagung pflege, sonst ist zu besorgen, daß Europa, wie ehmals Asia und Afrika, in Schlam des Unglauubens versenkt wird, in andern Ländern aber, die göttliche Verheissung für die christliche Kirche immer wahr bleibt.

Portae inferi non Praevalebunt
Adversus eam.

Wie neid' ich kleines-Hündchen Dich,
Daß Du ein solches Glük bald haſt!
Mein Herz entriß es Dir so gern!
Dein Schikſal bringt Dich in die Hand
Der Königin, und weiht Dich ihr.
Ach wandelte des Himmels Huld
Mein Aeußres in das Deinige! *)
Dann wär ich ja in Deinem Plaz;
Ich diente mit Bewundrung Ihr,
Und fände darin nur mein Glük!

> Einige ſehen ſich bedenklich an, ande-
> re gehen weg und flüſtern ſich in
> die Ohren.

Ju=

---

*) Welcher niedrige Stoff! und wie niedrig,
wie geiſtlos, beinahe ſchmuzig bearbeitet!
Ueberhaupt war Friderichs Neigung zu den
Hunden außerordentlich und auffallend.
Man höre hierüber Herrn Büſching vom Karakter Friderichs S. 36. „Aus Hunden
„machte Er unſäglich viel und hatte beſtän-
„dig drey oder vier Stüke um ſich, von de-
„nen einer Sein Favorit, und die andern
„deſſelben Geſellſchafter waren. Jener lag
„bei Tage allezeit, wo der König ſaß, an der
„Seite

C

Juvenal. Der Vorwurf, den Dir eben Leſſing machte, daß Du als König ſchriebſt, trifft Dich hier wenigſtens gewiß nicht. Es ſcheint vielmehr, Du habeſt den König ſammt

---

„Seite deſſelben, auf einem beſondern Stuhl, „den zwei Kiſſen bedekten, und ſchlief des „Nachts bei Ihm im Bette. Die Andern „wurden des Abends weg, und am folgen= „den Morgen, wenn man Ihn wekte, wie= „der gebracht, da denn die kleine Geſellſchaft „durch ihre große Munterkeit und Zärtlich= „keit dem Könige Vergnügen machte. Sie „ſaſſen neben Ihm auf den Canapees, die da= „durch beſchmuzt und zerriſſen wurden, und „der König erlaubte ihnen alles. Er ſorgte „aufs Zärtlichſte für ihre Erhaltung, Geſund= „heit und Verpflegung; der Favorit em= „pfieng auch bey der Tafel etwas aus der „Hand des Königs; überhaupt aber wurden „die Hunde von einem Bedienten verſorget, „der ſie auch nach ihrer Mahlzeit bey guter „Witterung ſpazieren führte, damit ſie der „friſchen Luft genieſſen konnten. Ein Bedien= „ter, der aus Unvorſichtigkeit einem Hund „auf den Fuß trat, konnte dem Zorn des „Königs nicht wohl entgehen. Bei dem „Wohn=

sammt den Menschen aus den Augen verloren. — Er kehrt Ihn den Rüken
und geht zu den Uebrigen. Sie sprechen
allein miteinander: dann mit Epikuren.

Epikur in dem er auf Frid. losgeht. Laß
uns gehen, wenn es Dir gefält.

Gehen ab.

C 2 Horaz

___

"Wohnhause Sanssouci ist ein Plaz, wo-
"selbst die liebsten Hunde in Särgen unter
"Leichensteinen mit ihren Namen, begraben
"l gen. Seine Zärtlichkeit für seinen Favorit-
"hund übertraf alle Vorstellung.

"Zu den vorzüglichen Lieblingshunden des
"Königs, gehörte die Biche, die dadurch be-
"rühmt geworden, daß sie 1745. in der
"Schlacht bei Soor eine Beute der Oestrei-
"cher, aber von dem General Nadasdy zu-
"rükgegeben worden. Doch nichts gleicht der
"Liebe, die der König für die Hündin Alc-
"mene hatte. Als Ihm nach Schlesien be-
"richtet wurde, daß sie gestorben sey, befahl
"Er, daß man ihren todten Körper in dem
"Sarge, in den sie war gelegt worden, zu
"Sanssouci in Sein Bibliothekzimmer sezen
"sollte.

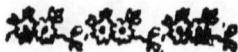

Horaz. Und dieſer Menſch wollte ſich zum Richter im Reiche der Dichtkunſt aufwerfen, wollte Römer, Griechen und Teutſche die reſpektabelſten Nationen darnider treten, um auf ihrem Rüken eine der Unwürdigſten zu erheben?

Leſſing. Mich nimmt gar nicht Wunder, daß er nur an der franz. Litteratur ſo viel Geſchmak fand. Es geſchah: weil er ſonſt keine Sprache verſtand: denn an ſeinem Hofe, wiewohl es ein teuſcher Hof iſt, ward nichts als franz. geſprochen; dem ohngeachtet hat das Schmeichlerlob einiger Gelehrten ſeinen natürlichen Eigendünkel ſo rege gemacht, daß er ſich gegen die Litteratur aller Nationen auf den Dreifuß ſezte, und mit

„ſollte. Bald nach Seiner Zurükkunft begab „Er ſich dahin, und ließ Seiner wehmüthi„gen Traurigkeit freien Lauf. Er mußte „Sich zwar von dem verweſenden Körper „losreiſſen, ließ ihn aber auf dem Plaz des „Hauſes Sansſouci in die jenige ausgemaur„te Gruft ſezen, die er aufs Künftige für „Seinen eignen Leichnam hatte ausmauern „laſſen, der aber dahin nicht gekommen iſt.

mit Machtsprüchen statt Beweisen um sich
warf; in der Meinung sein königlich Ansehen, und der Ruhm eines Weisen, wofür
er sich hielt, würden die Stelle aller Gründe und Beweise ersezen. Er ward bereits
wegen der Abhandlung, die Er in diesem
Tone über teutsche Litteratur herausgab, ohne teutsch zu können, noch wehrend seinen
Lebzeiten auf der Oberwelt waidlich in allen Blättern persiflirt. Seine nachgelassene
Werke sind ein Gewebe von Schmähungen
über geistlich und weltliche Mächte, besonders übers östreichische Haus, gegen welches
er die niedrigste Leidenschaft alle Augenblike
auf eine plumpe unanständige Art verräth;
wobei er Sich in seinen Geschichterzählun-
gen hinter der Larve der freimütigsten Unparteilichkeit immer den verborgensten Weihrauch streut. In seinen Briefen kömmt ab-
genüzter Epikurismus, Deismus und Skep-
tizismus unter allerlei Nonsens und Fade-
täten bis zum Ekel daher: womit nicht selten sehr niedrige, eines Königs höchst un-
würdige Ausdrüke — im Geschmake der eben
gehörten Hundspoesien —unterlaufen; z. B.

C 3 den

den Fuß in H. *) — Er getrauet sich
nicht zu f. z. n, damit wir ihn nicht hören
mögen. **) — Wenn ich komme, geb ich
Dir die Ruthe. ***) — Hier mag sich der
König selbst gefühlt haben; denn er sezt
hinzu: Mein Brief endet wie ein Gaſſen-
lied — Gonnorhee im Sch. ****) — u. d. m.

Eben so niedrig sind gewiße Ausbrüche
von Rachsucht, *****) von Leidenschaften,
besonders gegen das östreichische Haus, gegen Pabst Clemens XIII., Clemens XIV.,
gewiße Züge aus seinen Handlungen, die
er erzählt. So läßt er z. B. den Beichtva-
ter des Königs von Pohlen zu sich laden,
und läßt sich so weit herab, dem Pfaffen,
den er, nach seiner eigenen Erzählung selbst
herzlich verachtet, und eine Art von Hofnarren nennt, zu schmeicheln, und — wie er
selbst sich ausdrükt — so mit ihm zu sprechen, daß er ihn überzeugte, nur durch ihn

zum

---

*) 7. B. S. 9⁻. **) S. 104. ***) S. 126.
an Jordan. ****) S. 188. *****) eben
daselbst.

zum Endzwek seines Verlangens kommen zu wollen. *) In Breslau bedient er sich gar eines alten Weibes, die auf seine Anstiftung, unter der Maske der Vertraulichkeit, in eine Fraubaasen = Gesellschaft sich einstehlen mußte, um die Klatschereien derselben zu erfahren. Von diesem Gehalte ist seine Politik überhaupt — er hält sich nichts vor unerlaubt oder unanständig, was zum Zweke derselben führt.

Cicero. Und aus diesem Manne macht Ihr solch ein Wunder seines Jahrhundertes? Wie weit müssen Eure Zeiten von den unsrigen zurüke gekommen sein?

Lessing. Sie nennen ihn den Einzigen — Und einer unsrer Dichter erhub nach seinem Tode so ein jämmerliches Mordgeheul in Versen — als ob er von Sinnen wäre — er wußte in der Angst nicht, wie er das Denkmal seines Schmerzens ebenteüerlich genug machen sollte — und nannte es einen Obelisk!

Alle lachen.

50=

*) I. B. S. 194.

Homer. Wie? er gab seinem eigenen Gedichte diesen großen Namen?

Lessing. Nicht anders, und was das Lä-
cherlichste ist: so war im ganzen Gedichte
so ganz und gar nichts Obeliskenmäßiges zu
finden — Es war ein Berg, der ein Mäus-
chen gebahr.

Horaz. Vermuthlich wird der Verf. nur
ein Stümper, ein Anfänger gewesen seyn.

Lessing. Keineswegs; es ist ein alter hei-
serer Sänger, und er gilt in der Oberwelt
vor einen guten Dichter (heist Schubart): seine Sprache ist nachläßig, voll Fehler, schmu-
zig aber voll Metaphoren und Grobheiten —
er bemüht sich die alltäglichsten Redensar-
ten in lauter Bildern zu sprechen — er sagt
Dir z. B. nicht: der Kaiser erschüttert das
Gleichgewicht von Europa, sondern: Habs-
burgs Adler faßt mit mächtiger Kralle
Frau Europa am Schopfe und schüttelt sie,
daß ihr die Zähne klappern — seine Bilder
haben alle was Ungeheures, was Monströses,
und was Pöbelhaftes. Dieß heißt in unsern Tagen Dichtkunst und Geniesprache.

Homer.

Homer. Den Kerl hätte man bey uns
vor einen Wahnsinnigen, oder doch vor einen ungezogenen und niederträchtigen Menschen gehalten.

Leſſing. Kluge die ihn kennen, halten
noch izt auf der Oberwelt das Nämliche von
ihm: aber doch hört man ſo gar in einer
gewißen Litteraturzeitung von ihm die toll-
ſten Lobſprüche verkündigen. Dieſer Menſch
iſt zugleich in der Oberwelt der teologiſche
Wetterhahn, und ſchreit mörderlich; ſo
bald ein Lüftchen von Heterodoxie von ferne
wehet. Sein Geſchrei prophezeyt ohne
Unterlaß die fürchterlichſten Zerſtörungen und
den nahen Untergang der Erde; weil ihre
Bewohner durchaus nicht alle glauben wollen, was er glaubt.

Horaz. Ihr habt demnach auf Eure
Dichter ſo wenig Urſache ſtolz zu ſein, als
auf Eure Könige.

Leſſing Du irrſt dich, wenn Du unſre
Dichter alle nach dem Maaße dieſes Pygmä-
en, der auf Stelzen geht, um groß zu ſeyn,
oder nach dem verderbten Geſchmake unſ-

rer Zeit beurtheilst. Es giebt viele, die
die Ehre der Nation bei alldem noch in ihrer ganzen Größe aufrecht halten. Was
unsre Könige betrifft: je nu! da muß ich
leider! gestehen, daß unsre Jahrbücher frei-
lich keine Mark, Aurele, keine Titusse, keine Auguste keine Antonine — aufzuweisen
haben.

Cicero. Daran seyd ihr — soviel ich
unterrichtet bin — selber Schuld. Das
edle Römerblut, das auch in Euren Adern
vormals wallte, ist von Generation zu Generation mehr angesteckt worden, bis kein
reiner Tropfen davon mehr übrig blieb. —
Teutsches Freiheitgefühl, teutscher Muth
sind bey euch erloschen; man gab ihnen
entehrende Namen — und an ihre Stelle
trat allmählig niedriger Sklavensinn, die
Rechte der Menschheit wurden gegen Skla-
venfesseln vertauscht, denen man präch-
tige Namen gab — und stolz auf die Ket-
ten, die man Euch anlegte, boget Ihr selbst
Eure Naken gutmüthig ins Fürstenjoch. Eure Könige waren izt Despoten und ihr —

Skla-

Sklaven! Rechte sind Dinge, mit deren
Schalle man nur Eure Ohren kützelt und
Euch, wie Frazzen, in Ruhe lullt. — Eure Fürsten tretten indeß auf Euren Naken herum, und Ihr lekt ihnen geduldig
die Ferse, baut Ihnen Altäre, streut Ihren Leidenschaften und Schwachheiten Rauch-
werke — mit einem Worte, vergöttert Sie.
O trauriges Loos der armen Erdbewohner,
denen Friderich II. der Einzige ist! — —

(Gehen unter diesen Gesprächen ab.)

Ein prächtiger Saal in einem präch-
tigen Pallaste, mitten im Saale ein
hoher koßbarer Thron unter einem Bal-
dakine, reichgeziert mit Gold und Edelstei-
nen. Minos, Aeakus, Radamantus (die
drey Richter der Unterwelt) sizen auf dem
Throne. Viele dienstbare Geister
stehen in einem Halbzirkel
um denselben.

Minos. Ein merkwürdiger, ein außer-
ordentlicher Fall! dergleichen noch keiner
vor unserm Gerichte vorgekommen ist. Ein
Kö-

König, eine Königin der Erde und ein
Pabst erscheinen klagend am Fuße unseres
Thrones — Sie, die ehehin gewohnt waren, selbst auf Thrönen Machtsprüche zu geben: sind hier Kläger gegen einauder. —

Aeakus. Es wird Aufsehen machen in
der Unterwelt und — wenn man es erfährt
— in der Oberwelt.

Radamant. Um so mehr wollen wir uns
befleißen, ein Beispiel der strengsten Gerechtigkeit, und der genauesten Unparteilichkeit
zu geben. Sind die Parteien da?

Ein dienstbarer Geist. Großer Radamant! die Parteien sind da.

Minos. Man lasse Sie eintreten. Der
dienstbare Geist öffnet die krachenden Flü-
gel der Thüre, und

**Mar. Ther. Pabst Clemens XIII. der
Großinquisitor, Frid. II. treten auf.**

Mar. Th. *) Hochweise, vorsichtig und
gerechte, hochgewaltige Herrn! Nur ein Ge-

gen-

---

*) Neider behaupten, der Großinq. habe die
Rede verfertigt, und die Kaiserin habe sie
nur

genſtand von der Wichtigkeit, wie der Gegenwärtige, konnte mich und dieſe beeden
Herrn zu dem Schritte vermögen, den wir
gemeinſchaftlich thun. Es handelt ſich hier
von nichts Geringerm; als unſre Ehre, die
Ehre des Staates und der Kirche auf Erden gegen einen Verleumder zu retten —
und einen Mann zu entlarven, den Ihr un-
möglich in den Gefilden der Tugendhaften
dulden könnt, ſo bald Ihr ihn kennen wer-
det; einen Mann, der alle Grundſäze der
Religion unter die Füße tritt, Kirche und
Staat und deſſen geſalbte Häupter auf das
Abſcheulichſte läſtert, und ins beſondere unſer das öſtreichiſchen Haus, und die heiligen
Oberhäupter unſerer Kirche in öffentlichen
Schriften vermeſſentlich angreift, verläum-
det, entehret, ſchändet — einen Mann,
der die ſchädlichſten Grundſäze in ſich ver-
einbart — mit einem Worte: wir tretten
hier auf, und fodern Recht, gegen einen Lä-
ſterer Gottes und der Majeſtäten, gegen einen

---

nur, wie jene an die Ungarn, auswendig
gelernet.

nen Verläumder, einen Pasquillanten, einen Menschen ohne Religion, ohne Gewif-
fen. So fehr es Euch befremden mag,
Hochweife und fürfichtige Richter der Unterwelt! einen Mann wie dieser, in den fe-
ligen Gefilden der Tugendhaften alles deffen
angeflagt zu fehen· fo wahr find nichts de-
ftoweniger die Punkte unferer Klage: die
wir auf der Stelle beweifen werden. Der
Ruhm meines Haufes, das diefer Verwegene
anfällt, ift auch hier unter Euch bekannt.
Ihr kennet und ehret — ich weis es —
die Schatten alle der großen Männer des-
felben, die hier feit undenklichen Zeiten unter Euch wandeln. — In Ihren Namen bin
ich hier, und fodere von Eurer Gerechtigkeit, Genugthuung für die Befchimpfung
unferers Haufes. Zum Beweife meiner Be-
fchwerden will ich Euch unter hundert Stellen nur folgende anführen, die Euch fchon
genug von der Bosheit des Läfterers gegen
mein refpektables Haus, und von der fchänd-
lichen Abficht überführen werden, die er hatte, es verdächtig, verhaßt, verächtlich zu
machen, und ihm zu fchaden. Er gab in
diefer

dieser Absicht schon Briefe eines Schweizers
bey seinen Lebzeiten heraus, worinn er uns
eine ganz falsche und gefährliche Politik an=
dichtete, und also schon in dieser Maske
heimliche Stöße unserem Ansehen beizubrin=
gen suchte. Doch hievon zu geschweigen:
höret die einzigen der vielen Stellen aus sei=
nen hinterlassenen Werken:

„Wenn man den Stolz und den
„Despotismus betrachtet, wo=
„mit das östreich. Haus von je=
„her Teutschland beherrschte, so
„erstaunt man mit Recht, daß
„sich so niedrige Sklaven finden
„konnten, die sich dem Joche,
„welches dasselbe ihnen auflegt,
„unterwerfen — und dennoch
„war die größte Menge so ge=
„sinnt. *) — —

„Seit Ferdinand dem Ersten zwekten
„die Grundsäze des Hauses Oest=
„reich dahin ab, den Despotis=
„mus in Teutschland einzuführen.
Nichts

―――――――――――――――――

*) 2. Band. S. 209.

„Nichts aber stand diesem Pla-
„ne mehr entgegen, als wenn
„man zugab, daß ein Churfürst
„sich zu viel Macht erwarb: daß
„ein König von Preußen seine
„Macht dem östreichischen Ehr-
„geiz entgegen stellte, gegen Oest-
„reich mit zu großem Nachdruke,
„die Freiheit des teutschen Reiches
„aufrecht zu erhalten strebte. *)

Ich sehe aus Ihrem erzürnten Blike daß
ich nicht nöthig habe mehrere Stellen zum Beweise anzuführen; und mein Herz würde
es nicht aushalten, wenn ich Ihnen alle die
übrigen boshaften Lästerungen her sagen sollte, die dieser Mann gegen mich und mein
erlauchtes Haus ausstieß. Sie sind zu gerecht, daß Sie uns das Recht versagen könnten, das uns gegen einen Verleumder, wie
dieser, gegen einen Aufwiegler, gegen einen
Lästerer der Majestäten gebührt.

Pabst.

---

*) 2. Band. S. 212.

Pabst. Wenn die erlauchte Mar. Ther.
wahr sprach: so sprach sie doch noch lange
nicht genug, um euch alle die häßlichen Züge des boshaften Lästerers zu schildern. Ja!
er lästerte Gott, indem er die Kirche desselben auf Erde und ihre geweihte Oberhäupter aufs Schändlichste entehrte, verleumde-
te: und wie Mar. Ther. im Namen ihres
erlauchten Hauses hier auftritt: eben so
trette ich auf, im Namen der Väter der Kirche, dessen Oberhaupt auf Erden ich war,
und die dieser Verwägene lästert. Was würde man in den Zeiten Eurer Religion, dem
Bösewicht gethan haben, der die Priester
des Heiligthums lästerte? Ihr seyd zu gerecht, ehrwürdige Richter, daß Ihr unsrer
Religion weniger Recht sollter widerfah-
ren lassen! und ich heische diese Gerechtigkeit von Euch.

Der Großinq. Wenn Ihr gleich, mei-
ne Hochweise, vorsichtig und gerechte Herren!
einer andern Religion zugethan seyd: als
diese in unsern Tagen auf Erden ist: so bin
ich doch gewis, daß ihr zu weise seyd, um die-

D   selbe

selbe nicht zu ehren, und zu billig und gerecht, um den Frevler zu begünstigen, der
sie verwegen antastet, und entehret. Ihr
wisset, daß Religion zu allen Zeiten das Heiligste der Menschheit war; daß diese nie ohne Religion bestehen konnte; daß Irreligio-
nisterei allen Lastern Thür und Thore öfnet.
— Auch zu den Zeiten der Eurigen mußte
daher Sokrates den Giftbecher trinken, —
weil er Religion antastete, und andere wurden auf andere Art empfindlich darüber gestrafet. Was soll man erst einem Könige
thun, der durch sein Ansehen selbst, die
Pfeiler der Staatssicherheit, Religion und
Tugend untergräbt, der — wie augenblik-
lich zu erweisen ist — in öffentlichen Schriften derselben tausendfach Hohn sprach; der
alle Sittlichkeit mit Füßen trat; den nie-
drigsten Leidenschaften z. B. der Rachsucht
in diesen Schriften fröhnte, ihnen ausdrük-
lich das Wort redete, und überhaupt die
schädlichsten Grundsäze verteidigte. Um des
heil. Vaters und meine Beschwerden zu be-
stättigen: darf ich nur folgende Stellen aus
seinen Schriften, zur Probe seiner Lästerun-

ge"

gen gegen Gott, Religion und ihre Priester, hier anführen.

„O Du Partey Wuth! Teolo-
„genraserei! durch Euch nur sind
„die Sitten, ist die Redlichkeit
„der consurirten Gaunerschaar
„und ihres Nachtrabs tief ver-
„derbt. Damit der Glaube,
„der so ungewiß schon wankt,
„nicht fallen soll, liebt jeder
„Heuchler ohne Schaam Betrug,
„der fromm gescholten wird. Si-
„billenbücher · brütete die Frech-
„heit aus, und die Legende schwell-
„te sich mit falschen Christenmar-
„tyrern. Erdichtet wurden De-
„kretalen, und die Religion ward
„ist zum Aergerniß. — —

„Doch glaubte man der heiligen
„Schaar im Ueberschlag, im Kor-
„rock, im geschornen Kopf: so
„wäre Gott nicht würdig des Ge-
„bets. Sie machten ihn so bos-

D 2   haft,

„haft, wie sie selber sind. Er wird
„durch sie der unerbittlichste Ty-
„rann. Er läßt, um seine
„Wuth zu sättigen, den Men-
„schen strafbar sein; nicht hier
„nur übt er seine Grausamkeit an
„ihm; er straft ihn die Ewigkeit
„hindurch. Wir wären, hätte
„Luzifer zum Herrn sich über uns
„gemacht, gewiß nicht schlimmer
„dran.“ *)

Eine andre Stelle der Art ist folgende: **)

„Jezt lieber Markis, da das Alter
voller Neid

„Die Jugendkraft mir raubt, und meine Haare graut,

„Mir sagt, daß ich nun bald zu meinen Vätern geh:

„Da wähl ich, mich zu reiben, jenes
Priestervolk:

„Der tolle Ehrgeiz dieser Gecken im
Ornat

„Die

---

*) 8. B. S. 127. **) Werke Frid. Berlin
bey Voß und Sohn 1788. 10. B. S. 247.

„Die Wohllust und der Stolz, der
        tonsurirten Stirn,

„Vergnügt und bringt mich auf, mich
        den das Alter drükt,

„Es ärgert mich, wenn ich die feige
        Schwachheit seh',

„Womit ein Fürst, der vor der Prie-
        sterkrone kriecht!

„Den heiligen Tyrannen niedrig fröhnt;

„Der Heiligen spott ich, lache der
        Religion,

„Und klage ob dem blinden, mystischen
        Gezänk,

„Ein klägliches Gewirr ein nichtig
        Wortgewühl

„Gefürchteter Betrüger, das den Tho-
        ren täuscht.

„Den Kopf von ihren heil'gen Schur-
        kenstreichen voll

„Erhalt' ich, lieber Markis! izt Ihr
        schönes Werk. ꝛc.

Dergleichen Stellen könnt' ich Euch
unzählige anführen; wenn ich nicht fürchtete,
Eure Geduld zu ermüden. Allein braucht es

D 3   auch

auch mehr, um zu beweisen, daß Friderich
ein Läfterer Gottes, der Religion und ihrer
Priefter sey? Doch muß ich Euch, Hochweise und gerechte Richter! noch einige Stellen auszeichnen, wo er besonders gegen die
heiligen Häupter unserer Kirche, wovon
Ihr einen im Namen aller hier vor Euch
sehet, (auf den Pabft zeigend) das scheuß-
lichfte Gift ausspeyet. *) —   —

Daß er aber nebst allem dem auch die fchäd-
lichften Grundsätze gegen Religion, Moral,
und den Staat verteidigte; davon will ich
Euch izt Beweise geben.   Er war es, der
die Unsterblichkeit der Seele, und Beftra-
fung in der Unterwelt öffentlich laügnete;
er war es, der das schädlichfte Lafter den
Selbftmord verteidigte; er war es, der die
Vorsehung beftritt und alles dem Ohngefehr
zu-

---

*) Man hat diese Stellen, die wirklich niedrig
sind, so wie viele andere dergleichen, aus
Delikatesse, und um des Aergernisses der
Schwachgläubigen wegen weggelassen.

zuſchrieb; er war es, der dem Staatsman-
ne alles vor erlaubt hielt, was zu Ausführung ſeiner Plane gehörte, und über. Gewiſſenhaftigkeit in ſolchen Fällen ſpottete; der
Wort, Treue und Glauben vor Spielwerk
erklärte, woran kein Staatsmann gebun-
den ſeye — er war es endlich, der den
ſchändlichſten Leidenſchaften in ſeinem Her-
zen Raum gab — und ſelbſt ſich öffentlich
zur Rachſucht bekannte. — Urtheilet aus folgenden Stellen ob ich wahr geſprochen habe:
Im 6. B. S. 250. u. f. heißt es:

„Die Zeit, die alles in ein Nichts
„verwandelt, zerſtört die Weſen,
„die nicht einfach ſind; der Athem
„dieſer Funke, dieſes Feuer, das
„des Körperbaus Organen Leben
„gibt, iſt nicht unſterblicher Na-
„tur. Es wird geboren mit dem
„Leibe, es wächſet in den Kin-
„dern an; es leidet von des
„Schmerzens Qualen, verirret
„ſich, verſchwindet, es ſtirbt ge-
„wis, wenn ſich die ewige Nacht
„uns naht.

D 4   Ich„

„Ich sehe, wenn die Seele nun
„erlosch, und jeder ihrer Sinne
„starb, daß Denkkraft und Erin-
„nerung ihr gebricht, und daß der
„Augenblik, der auf des Todes
„Stunde folgt, dem gleicht, der
„noch vor unserm Daseyn war.
„So muß nach einem ewigen Ge-
„sä̈z, ein jeder Mensch, den E-
„lementen die Grundkraft der
„Bewegung wieder geben, aus
„denen die Natur den Bau, die
„Wirksamkeit der Sinne schuf —

„Der Ort, den Rache uns bereiten
„soll, ist leer und unbewohnt.

Daselbst S. 248. „O Ihr der Frey-
„heit Helden, die ich ehre, Du
„Catos und Du Brutus Schat-
„ten. Im Labyrinth des Irr-
„tums leitet Euer Beyspiel mich.
„Die Fakel Eures Todes helle
„den Pfad mir auf, der Pöbel
„kennt ihn nicht. — — Nein
„einer

„einer noch wacht über feine
„Rechte, mit Feftigkeit entfchlof-
„fen, frey zu leben, frey zu fter-
„ben: trozt er muthig dem Ge-
„fäz des niedern Vorurtheils!
„und ahmt der Tugend an der
„Tiber nach.

Im 7. B. S. 188. bekennt er fich felbft
zur Rachfucht in den Worten: „Man fagt
„uns und ich glaube es gern, die Rache ge-
„be Götterluft — und daß ich fie ganz
„fchmeken kann: bin ich ein Heid in diefem
„Augenblick.“

Im 3. B. S. 303. Laügnet er die
Vorfehung und behauptet das Ohngefehr:

„Das Leben des Menfchen hängt nur
„an einem Haar. Unfer Gefchik
„ift eine notwendige Folge der
„allgemeinen Verkettung von
„Mittelurfachen, die bei der
„Menge von Ereigniffen, welche
„fie veranlaffen, notwendig glük-

D 5   liche

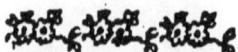

„liche sowohl, als unglükliche Be-
„gebenheiten hervorbringen müſ-
„ſen."

Im 1. B. S. 48. macht er die Religion
eines Staatsmannes lächerlich, und behauptet, daß ſich Gewiſſenhaftigkeit mit den
Grundſäzen der Staatskunſt nicht vertrage:
„Iſt — ſagt er — eines Fürſten Einbil-
„dnngskraft, vom himmliſchen Jeruſalem
„entzükt: ſo verachtet er den Koth der Erde,
„die Beſorgung der Regierungsgeſchäfte
„hält er vor verlorne Augenblike; Grundſäze
„der Staatskunſt behandelt er als Gewiſ-
„ſensfälle; die Vorſchriften des Evange-
„liums ſind ſein Kriegsreglement, und die
„Kabalen der Geiſtlichkeit haben Einfluß
„auf die Berathſchlagungen des Staates."

Die Stellen, die ich hier angeführt habe, ſind nicht die Helfte deren die in Frid-
derichs Werken von dieſer Gattung vor-
kommen: allein mich dünkt, ſie werden genug ſein, um meine Anklage gegen dieſen
Mann zu beweiſen. Hier, wo kein Anſehen
der Könige gilt, hier erhebe ich demnach
meine

meine Stimme gegen den Schriftst., den Kron
und Scepter auf Erde gegen uns schützten —
hier vereine ich mein Rufen im Namen der
heiligen Religion, mit dem Rufen der großen Theresia und unseres heil. Vaters: daß
Ihr den Verbrecher zur Strafe und Genugthuung aus diesen Gefilden in den Tartarus
verbannen wollet: und Eure Unparteylich-
keit, Eure Gerechtigkeit läßt mich nicht an
der Gewehrung unseres Begehrens zweifeln.

Minos. (sehr ernsthaft zu Friderich): Was
hast Du zu Deiner Rechtfertigung vorzu-
bringen?.

Frid. Vernunft und Wahrheit! Ihr
kennt sie beede — Beede sprechen für sich —
ich habe also nichts zu sagen, und verachte
die Anklage.

Minos. Deine Verantwortung ist kurz,
und stolz. Was aber die Wahrheit und Vernunft belangt: so ist uns zu gut bekannt,
daß Deine Wahrheit zum Theil Unwahrheit,
und Deine Vernunft schädlicher Irrtum
war. Wisse aber, daß es auch eine Vernunft und Wahrheit gibt, die man im bür-

ger-

gerlichen Leben nicht öffentlich sagen darf.
Du warst das Oberhaupt des Staates. —
Dir lag es ob, die Gesäze desselben aufrecht
zu erhalten — und Du selber hast sie da-
niedergetreten — hast durch Deine Schriften die Pfeiler der Religion und des Staates erschüttert, Tugend und Sittlichkeit ver-
lezet. — Dein Verbrechen ist demnach dop-
pelt groß. Izt tretet ab, und erwartet im
Vorsale unsere Entscheidung.

(Alle treten ab.)

Minos. Um den Parteien ihr Urtheil
anzukündigen: will ich vorderfamst die Meinung meiner hochgeehrtesten Herrn Kollegen
vernehmen. Die Meinige in diesem Falle
wäre: da Friderich allerdings der gegen ihn
vorgebrachten Beschwerden selbst geständig,
diese auch ohnehin gehörig erwiesen, und
plene probiret sind: daraus aber delicta at-
rocia, als da sind: Calumniæ, læsæ ma-
jestatis, Heterodoxiæ, Blasphemiæ, *)
und

---

*) Zu teutsch: der Verleumdung, der verlez-
ten Majestät, der Gotteslästerung, der Ke-
zerey.

und andere gegen den Beklagten am Tage
ligen: als können wir allerdings dem Pe-
tito partium nicht entgegen sein, Beklagten
über die Gränzen Elisiums nach dem Tartarus zu bringen; salvo meliori *Dorum* Col-
legarum Judicio.

Radamant. Ich konformire mich mit
dem Voto des Herrn Kollega.

Aeakus. Ich bin eben der Meinung.

Minos. Diesemnach wäre noch übrig,
das Urtheil partibus gehörig zu publiziren.

> Winkt einem dienstbaren Geiste, dieser öffnet
> wie vorhin die Thüren, und die vo-
> rigen treten ein.

Minos. Vernehmet das

Urtheil.

In Klagsachen, Marien Theresiens
ehemaliger römischen Kaiserin auf der Oberwelt, Clemenz XIII. vormaligen Pabstes
und des lezt gewesenen Großinquisitors daselbst an einem — entgegen und wider Friderich II, gewesenen König von Preußen

qua)

(qua Schriftſteller) am anderen Theile,
pcto Blaſphemiæ, Calumniæ atrociſſi-
mæ, Heterodoxiæ & ſimilium wird hiermit dem beyderſeitigen An- und Vorbringen
und wohlerwogenen Umſtänden nach von un-
rerirdiſchen Magiſtratswegen zu Recht er-
kannt:

Daß, nachdem Bekl. der gegen ihn vorgebrachten, ſehr erheblichen Beſchwerden und
Bezüchtigungen ſchuldig befunden worden —
derſelbe zur wohl verdienten Strafe und zum
warnenden Beiſpiel unſer Gebiet, den Aufenthalt der Seligen, ohne weiters räumen,
und von hier nach dem Tartarus wohl ver-
wahrter gebracht werden ſolle. V. R. W.
Decretum in Senatu Eliſii. u. ſ. w.

Friderich iſt ſehr betroffen — er will ſich
verteidigen — die Richter winken den
dienſtbaren Geiſtern. — Dieſe ergreifen
ihn, und führen ihn, unter einem un-
geheuren Zuſammlauf von Schatten,
aus Eliſium nach dem Tartarus ab.

Gesinnungen
eines Theologen
über den

Schriftsteller Friderich,

in einigen mehrern Auszügen aus
dessen sämmtlichen Werken.

www.ingramcontent.com/pod-product-compliance
Lightning Source LLC
Chambersburg PA
CBHW031440280326
41927CB00038B/1343